国际商务汉语教学与资源开发基地（上海）

纵横商务汉语
Zongheng Shangwu Hanyu
日本企业案例教程

全方位型ビジネス中国語
日本企業版教程

③

主审　三潴　正道（日）
编者　汪如东
翻译　野村　和子（日）　及川　佳織（日）

高等教育出版社·北京

图书在版编目（CIP）数据

日本企业案例教程. 3 / 汪如东编. -- 北京：高等教育出版社，2016.1（2018.9重印）

（纵横商务汉语）

ISBN 978-7-04-043998-4

Ⅰ. ①日… Ⅱ. ①汪… Ⅲ. ①汉语 - 对外汉语教学 - 教材 Ⅳ. ①H195.4

中国版本图书馆CIP数据核字(2015)第247399号

策划编辑	梁 宇	责任编辑	常丽萍	封面设计	华路天然	版式设计	魏 亮
插图选配	常丽萍	责任校对	常丽萍	责任印制	赵义民		

出版发行	高等教育出版社	咨询电话	400-810-0598
社　　址	北京市西城区德外大街4号	网　　址	http://www.hep.edu.cn
邮政编码	100120		http://www.hep.com.cn
印　　刷	北京盛通印刷股份有限公司	网上订购	http://www.landraco.com
开　　本	889 mm×1194 mm　1/16		http://www.landraco.com.cn
印　　张	11.75	版　　次	2016年1月第1版
字　　数	332千字	印　　次	2018年9月第2次印刷
购书热线	010-58581118	定　　价	46.00元

本书如有缺页、倒页、脱页等质量问题，请到所购图书销售部门联系调换

版权所有　侵权必究

物料号　43998-00

国际商务汉语教学与资源开发基地（上海）

系列教材编委会

孙　铮　　　姚玲珍　　　孙　冰

关道雄（美）　刘乐宁　　　三潴 正道（日）

金铉哲　　　丛铁华　　　张红玲

前 言

《纵横商务汉语·日本企业案例教程》是上海财经大学"国际商务汉语教学与资源开发基地（上海）"研究成果之一。

一、编写背景

2010年上海财经大学成立"国际商务汉语教学与资源开发基地(上海)"，致力于案例式商务汉语教学推广。面向日语区商务汉语学习者编写的案例教材共3册，由上海财经大学3位商务汉语教学经验丰富的教师共同完成，其中，卢惠惠负责3册教材的总策划与协调工作，由卢惠惠、吴琼、汪如东分别编写第1、2、3册。每册教材没有内容难度高低的区分，主要是根据案例内容进行分册。本教材为《纵横商务汉语·日本企业案例教程3》。

本教材的编写得到了国家汉办的大力支持，并邀请到日本丽泽大学三潴正道教授作为本教材的主审，从教材策划、案例收集、编写体例和语言文字等各方面进行了严格把关，确保教材编写工作的顺利完成。

二、编写理念

作为专门用途汉语教学，商务汉语具有双重目标，不仅要求学生掌握商务知识，同时还要求学生提高语言能力。如何平衡商务知识和语言能力成为难点。

在本教材中，对案例教学法进行了一些改造：课文采用商务案例，导入商务知识；练习部分着重词语与句型训练，提升学生的语言能力。教材围绕课前热身、案例学习、案例分析与讨论、语言技能练习、巩固与扩展等5个功能模块展开，围绕案例所反映的问题展开分析与讨论，以提高学生的汉语表达能力和跨文化商务交际能力。

1. 案例式。借鉴专门用途语言中颇受欢迎的案例教学法，以案例为载体，围绕案例展开语言操练与案例讨论，以提高学生的商务汉语交际能力。课文、语言技能练习、听力理解、扩展阅读和调查任务等相关材料都选自真实的商务案例或商务情境，突出了情境性和任务性。

2. 综合性。以案例分析与讨论为核心，辐射听说读写各项技能训练，在案例学习基础上使学生能够有效交际。每课始终围绕一个商务主题展开，提供了较丰富的商务情境，使学生沉浸其中，能较好地掌握某一商务主题的相关表达方式。

3. 实用性。课文选材及各项练习等均结合实际商务活动，使学生通过案例学习能够模拟商务情境，提高应用能力。一是课文的内容取材于网络及相关书籍，注重商务情境的真实性与典型性，并根据汉语教学的特点，进行了较大程度的改编。二是听力理解、扩充阅读的内容既与课文的商务主题相关，又有扩展性，两者相辅相成。三是练习围绕相关商务话题展开，并在一定程度上进行扩展和延伸，使学生能够始终沉浸于相关商务话题的学习中。

三、适用对象

本教材主要供进行长短期培训的日语区学生及企业界人士学习商务汉语使用，适用对象为具备初、中级汉语水平的学习者，旨在提高在商务活动中比较熟练地运用汉语进行交流的水平。

四、案例选取

案例是对真实情境的描述，通常涉及一个组织或决策者面临的困难、挑战、机会和问题等。以中外商务合作案例为载体，进行商务汉语学习，是教材编写的主旨。中外商务合作案例包括标题、背景、案例情节、问题或危机处理等要素。选取的案例内容涉及企业战略、市场营销、电子商务、企业文化等领域，既包括日本知名企业在中国的案例，也包括中国企业在日本及其他国家的案例。具体内容如表1所示：

表1　案例及所属商务领域、标题

课次	商务领域	标题
第1课	企业文化	珍爱员工及其家人的富士电机
第2课	公益事业	欧姆龙公司：为助残事业做贡献
第3课	企业并购	上海电气收购日本秋山
第4课	企业管理	广汽丰田龙华世纪店的5S管理
第5课	企业文化	佳能公司于细微之处谋幸福
第6课	产品营销	神舟电脑在日本站稳脚跟
第7课	企业创新	东芝的创新之路
第8课	经营策略	北京松下企业的"中国化"
第9课	经营策略	日本汉方药龙头企业的经营启示
第10课	经营策略	普利司通计划在2050年前轮胎原料全部采用可再生资源

五、编写体例

本教材共10课，每课分课前热身、案例学习、案例分析与讨论、语言技能练习、巩固与扩展5个功能模块。案例是核心，围绕案例展开案例讨论与语言技能练习，巩固与扩展是在课文案例内容的基础上所进行的听说读写全面训练。具体内容如表2所示：

表2　功能模块、内容模块与具体说明

功能模块	内容模块	具体说明
课前热身	课前热身	简介案例企业的概况，引导学生预习课文和自学。
案例学习	案例	注重可读性、趣味性、实用性与时效性。
	生词	加注拼音、词性与日文释义。
案例分析与讨论	案例讨论 情景会话	包括案例分析和情景会话。
语言技能练习	语言技能练习	包括回答问题、选词填空和句型练习。
巩固与扩展	听力与阅读	包括听力理解与扩展阅读。
	调查与写作	包括调查任务与写作。

六、使用说明

本教材每课建议课时为6学时，共计60学时。具体内容如表3所示：

表3　教学环节与教学安排

教学环节	学时	教学要求
课前预习与案例讲解	1学时	布置学生预习案例与生词，讲解案例，并做相关练习。
语言技能练习	1学时	讲解重点词语与句型，课前布置学生做作业。
案例分析与讨论	2学时	指导学生进行案例分析与讨论。
巩固与扩展	2学时	课前布置学生做作业，教师检查并讲解。

以上学时安排供教师参考，教师也可根据学生的汉语实际水平与本校学习时间酌情处理。

本教材的编写得到了国家汉办、上海财经大学"国际商务汉语教学与资源开发基地（上海）"及高等教育出版社的大力支持，在此谨表示衷心的感谢。

本教材课文内容如选自网络稿件，文中均有注明。我们根据教学需要对所选材料进行了一些删改。需要说明的是，因为种种原因，我们尚未能够与部分原作者取得联系。如有涉及网络著作权的任何问题，敬请与上海财经大学"国际商务汉语教学与资源开发基地"或作者联系。在此谨对有关媒体及相关撰稿者致谢。

编　者

2015年8月

目 录

课文	句型	听力理解/扩展阅读
第 1 课 珍爱员工及其家人的 富士电机 **1**	1. 通过……合作成立了…… 2. 据介绍 3. 如……等 4. 不仅……更……而最重要的是…… 5. （将）近……约占…… 6. 成为……之一	1. 丰田汽车公司与员工教育 2. 索尼公司的改革创新之路 1. 华人员工立足日本职场的四大功夫 2. 日本企业如何交接班：警惕3个陷阱
第 2 课 欧姆龙公司：为助残 事业做贡献 **14**	1. 涉及……等 2. 虽然……但是…… 3. 在……下 4. 共有…… 5. 基于……一直…… 6. ……了……后又……均由……	1. 欧姆龙为社会做贡献 2. 工作比同情更重要 1. 联合利华积极实行可持续发展计划 2. 家乐福加入"爱心包裹"活动
第 3 课 上海电气收购日本秋山 **27**	1. 包括……在内 2. 在……的同时 3. ……并…… 4. 不仅……同时……也…… 5. 开创……先例 6. 引起……关注	1. 山东如意收购声望株式会社 2. 三一收购德国"大象" 1. 中国公司加速并购日本企业 2. 日本媒体：中国将买下日本？
第 4 课 广汽丰田龙华世纪店 的5S管理 **40**	1. 根据 2. 对……来说 3. 无论……就是…… 4. 无论……都 5. 正因为……所以……	1. 松下电器公司的管理经验：优化价值观 2. 建立4S店的现代企业人力资源管理机制 1. 从丰田召回事件看大企业文化 2. 佳能（中国）信奉"评价"的绩效文化
第 5 课 佳能公司于细微 之处谋幸福 **53**	1. 从……角度来看 2. 涉及……之内 3. 每……都……并且…… 4. 比如 5. 扮演……角色 6. 不是……而是……	1. 伊那食品工业：如何守护幸福 2. 贝塔斯曼的体会 1. 希尔顿："你今天对客人微笑了没有？" 2. 格力空调：尊重劳动也是生产力
第 6 课 神舟电脑在日本 站稳脚跟 **68**	1. 经过……之后 2. 尤其是…… 3. 只要能够……相信…… 4. ……正在……希望…… 5. 具有……历史 6. 凭借	1. "有生于无"与"以柔克刚" 2. 国际化并购助联想步入高速成长期 1. 被隐藏的渠道困局 2. 惠普召回笔记本电脑的电池

课文	句型	听力理解/扩展阅读
第 7 课 东芝的创新之路 **82**	1. 无论…… 2. 为了…… 3. ……使…… 4. ……都……又…… 5. 之所以……并……关键在于…… 6. ……是……的重要原因	1. 东芝决定撤出中国手机市场 2. 中兴通信重视手机的售后服务 1. 京瓷公司：勇于追赶潮流 2. 东芝在中国的战略转移
第 8 课 北京松下企业的 "中国化" **95**	1. 就在于…… 2. 把……作为…… 3. 为了……加强了…… 4. 仅……就…… 5. 在……前提下 6. 不仅……还……	1. 日企在中国的业绩上升加速日本制造业向中国转移 2. 博世开始重视中国的商用车市场 1. 日本UCC公司明年起将在上海生产零售商品 2. 和诚开拓企业文化
第 9 课 日本汉方药龙头企业 的经营启示 **108**	1. 其中一个…… 2. 相比之下…… 3. 除……之外 4. 受……的影响 5. 为了…… 6. 值得	1. 日本医药企业大力开拓中国市场 2. 日本的汉方医药简介 1. 日本优衣库与中国企业一起成长 2. 仿制药时代的来临
第 10 课 普利司通计划在2050年前轮胎 原料全部采用可再生资源 **122**	1. 名为…… 2. 并且还…… 3. 将……以…… 4. 并使之…… 5. 随着 6. 除了……还……	1. 面临困境的夏普电视机市场 2. 普利司通：F1赛场之后的绿色理念 1. 日本科技企业吸引不了中国人才 2. 普利司通开发全新轮胎彩印技术和无需充气的全新轮胎

附录 1 听力录音文本 135

附录 2 参考答案 144

附录 3 生词索引 154

附录 4 关键词语索引 163

第 1 课

珍爱员工及其家人的富士电机

课前热身

1. **目前在中国的日资企业集中在哪些行业？主要经营什么产品？**
   現在、中国の日系企業はどの業種が多いですか。主にどのような製品を取り扱っていますか。

2. **公司员工的家人对公司的发展有没有作用？谈谈你的感想。**
   会社の従業員の家族は会社の発展に貢献していますか。感想を話してみて下さい。

3. **说说外资企业如何尊重所在国的文化和风俗习惯。**
   外資系企業が所属する国の文化や風習をどのように尊重するのか話してみて下さい。

图片来源：http://image.baidu.com/i?ct=503316480&z=0&tn=baiduimagedetail&ipn=d&word=富士电机

案例背景

日本富士电机公司（简称：富士电机）是一家大型跨国公司，产品广泛应用于能源、交通、社会基础设施等领域，在中国设立了数十家企业。在经营业绩的背后，富士电机是一家具有细致的人文关怀和温馨的企业文化，不仅追求数字的提高，更要满足客户所需、呵护员工及其家人的公司。

案例正文

日本富士电机公司的历史可追溯到20世纪20年代。1923年，通过资本及技术合作的方式，日本古河电气工业公司与德国西门子公司合作成立了富士电机公司，开始生产电动机和变压器等产品。这些产品被广泛用于能源环保、交通运输和社会基础设施等领域，据介绍，该公司生产的自动售货机的销售量已经占日本市场的40%。长期以来，富士电机充分利用精通半导体等电气领域的优势，不断发展壮大，目前已发展成为在13个国家和地区拥有多家企业的大型跨国公司。

截至目前，富士电机在中国设有30多家企业，员工近5,000人，约占公司海外员工的六分之一，中国成为富士电机最大的海外市场、生产基地和发展海外事业的重点。公司董事长北泽通宏表示，富士电机不仅追求数字上的业绩，更希望成为满足客户所需的公司，而最重要的是成为一个"有能力呵护员工及其家人的公司"。海外员工的使用与培养、管理人员的培训，以及人事、财务、销售等专业方面的培训已成为富士电机的重要工作之一。富士电机积极鼓励职工参加各种志愿活动，如为灾区捐款、开展多种球类比赛和文艺活动等，"与当地社会共存亡、与公司员工同进步"成为富士电机在中国企业的口号。

生词

序号	词语	拼音	词性	日语翻译
1	家人	jiārén	動詞	(本人を除いた)家族
2	跨国	kuàguó	形容詞	多国籍の
3	广泛	guǎngfàn	形容詞	広範な、幅広い
4	能源	néngyuán	名詞	エネルギー
5	基础设施	jīchǔ shèshī	名詞	インフラ
6	领域	lǐngyù	名詞	分野、領域
7	业绩	yèjì	名詞	業績
8	追求	zhuīqiú	動詞	追求する
9	满足	mǎnzú	動詞	(需要を)満たす

① 鲍显铭.感受日本企业的经营特色：企业文化各不相同.经济日报，2011-10-10

（续表）

序号	词语	拼音	词性	日语翻译
10	客户	kèhù	名词	顧客
11	呵护	hēhù	动词	守る
12	追溯	zhuīsù	动词	遡る
13	资本	zīběn	名词	資本
14	技术	jìshù	名词	技術
15	成立	chénglì	动词	設立する
16	电动机	diàndòngjī	名词	電動機、モーター
17	变压器	biànyāqì	名词	変圧器、トランス
18	环保	huánbǎo	名词	環境保護
19	交通运输	jiāotōng yùnshū	名词	交通輸送
20	自动售货机	zìdòng shòuhuòjī	名词	自動販売機
21	销售	xiāoshòu	名词/动词	販売する、販売
22	市场	shìchǎng	名词	市場、マーケット
23	精通	jīngtōng	动词	精通する
24	优势	yōushì	名词	強み、優勢
25	海外	hǎiwài	名词	海外
26	重点	zhòngdiǎn	名词	重点
27	董事长	dǒngshìzhǎng	名词	代表取締役
28	表示	biǎoshì	动词	表明する
29	希望	xīwàng	动词	希望する、望む
30	培养	péiyǎng	动词	育成する
31	管理	guǎnlǐ	名词/动词	管理、管理する
32	培训	péixùn	动词	（人材を）養成する
33	人事	rénshì	名词	人事
34	财务	cáiwù	名词	財務
35	鼓励	gǔlì	动词	奨励する
36	志愿	zhìyuàn	名词	ボランティア
37	灾区	zāiqū	名词	被災地区
38	捐款	juānkuǎn	动词	（金を）寄付する
39	口号	kǒuhào	名词	スローガン

案例分析与讨论

一、案例分析

1. 富士电机是怎样渐渐发展起来的？
2. 一家公司为什么要成为有能力呵护员工及其家人的公司？
3. 说说人才在企业发展中的重要性。
4. 企业要做到可持续发展，需要做好哪些方面的事情？

二、情景会话

将班级的同学分为A、B两组，A组为中国的企业，B组为日本的企业，讨论中国与日本的企业文化有什么不同。

语言技能练习

一、回答问题

1. 请简单介绍一下富士电机的发展过程。
2. 富士电机目前在哪些国家或地区拥有企业？在中国的企业有多少家？
3. 什么已经成为富士电机的重要工作之一？
4. 富士电机在中国企业的口号是什么？为了实现这一目标，该公司具体做了哪些事情？

二、选择正确答案

1. 富士电机的历史可追溯到什么时候？　　　　　　　　　　　　　　　　　　　（　　）
   A. 20世纪20年代　　　　　　　　　　B. 20世纪中期
   C. 20世纪30年代　　　　　　　　　　D. 20世纪末

2. 古河电气工业公司与德国西门子公司通过资本及技术合作方式成立了富士电机公司，开始生产什么产品？　　　　　　　　　　　　　　　　　　　　　　　　　　　　　　　（　　）
   A. 电动机和电线　　　　　　　　　　B. 变压器和电气设备
   C. 电动机和变压器　　　　　　　　　D. 电动机和绝缘体

3. 哪国已成为富士电机的最大海外市场、生产基地和发展海外事业的重点？　　（　　）
   A. 中国　　　　　　　　　　　　　　B. 日本
   C. 韩国　　　　　　　　　　　　　　D. 美国

4. 富士电机董事长北泽通宏表示，对于富士电机最重要的是什么？　　　　　　（　　）
   A. 数字上的业绩　　　　　　　　　　B. 呵护员工及其家人的能力
   C. 满足客户的需要　　　　　　　　　D. 对外的公众形象

5. 富士电机的员工在公司的鼓励下做了哪些事情? （　　）
   A. 自己爱好的事情　　　　　　　B. 有利可图的事情
   C. 志愿者活动　　　　　　　　　D. 慈善酒会

三、选词填空

| ①成立 | ②优势 | ③市场 | ④重点 | ⑤客户 |
| ⑥希望 | ⑦家人 | ⑧捐款 | ⑨鼓励 | ⑩口号 |

1. 在国外生活了几年，父母很_____我回家工作。
2. 我们集团的产品在韩国_____销售量占57%。
3. 中国汶川地震，盛大集团共_____1,000万。
4. 这家公司_____于1900年。
5. 我们把新员工的培训作为最近公司的_____。
6. 我们公司的_____是"没有最好，只有更好"。
7. 好的地理位置、好的工作环境，是我们打败他们的_____。
8. 公司把一辆车作为_____员工进取的奖品。
9. 我们的工作人员会认真接受_____的每一个建议。
10. 公司规定，拿到最高奖项的话，可以带着_____一起去旅游。

四、用所给句型完成句子

1. 通过……合作成立了……

   〔例〕1923年，通过资本及技术合作的方式，日本古河电气工业公司与德国西门子公司合作成立了富士电机公司，开始生产电动机和变压器等产品。

   (1) 经过长达半年时间的商定，_____。
   (2) 面临即将倒闭的局面，_____。

2. 据介绍

   〔例〕据介绍，该公司生产的自动售货机的销售量已经占日本市场的40%。

   (1) _____，这家企业是全市最大的家族企业。
   (2) _____，他祖父才是这个集团最大的董事。

3. 如……等

   〔例〕富士电机还鼓励职工积极参加各种志愿活动，如为灾区捐款、开展多种球类比赛和文艺活动等。

   (1) 公司对员工的奖励有很多，_____。
   (2) A对企业的贡献很大，_____。

五、用所给句型改写句子

1. 不仅……更……而最重要的是……

   例 公司<u>不仅</u>追求数字上的业绩，<u>更</u>希望成为满足客户所需的公司，<u>而最重要的是</u>成为一个"有能力呵护员工及其家人的公司"。

   (1) 我们公司重视员工的个人能力，希望他们要有创造力，注重员工之间的团结合作。
   _____。

   (2) 盛大集团去年收入突破了100亿，成为上海市最大的外企，他们的董事长被评为最佳杰出青年。
   _____。

2. （将）近……约占……

   例 截至目前，富士电机在中国设有30多家企业，员工<u>近</u>5,000人，<u>约占</u>公司海外员工的六分之一。

   (1) 我们厂有男员工83人，全部员工大概是他们的3倍。
   _____。

   (2) 今年产品的销售量比去年多2倍，其中韩国市场的销售量是总销售量的65%。
   _____。

3. 成为……之一

   例 海外员工的使用与培养、管理人员的培训，以及人事、财务、销售等专业方面的培训已<u>成为</u>公司的重要工作<u>之一</u>。

   (1) 年底时候，公司有很多事情：晚宴的准备、员工工资的发放、假期的安排等。
   _____。

   (2) 我们公司与盛大集团、海洋旅游公司和绿风公关部门都有合作。
   _____。

巩固与扩展

一、听力理解

1. 丰田汽车公司与员工教育 🎧 01-01

关键词语

1	制造	zhìzào	製造する
2	排行榜	páihángbǎng	ランキングリスト
3	经验	jīngyàn	経験、体験
4	重视	zhòngshì	重視する

（续表）

5	素质	sùzhì	素質、資質
6	树立	shùlì	築く、打ち立てる
7	实施	shíshī	実施する
8	技能	jìnéng	能力、技能
9	解决	jiějué	解決する
10	基础	jīchǔ	基礎
11	纳入	nàrù	取り入れる、組み込む

选择正确答案

(1) 丰田汽车公司成立于什么时候？ （　）
　　A. 20世纪20年代末　　　　　　　　B. 20世纪30年代末
　　C. 20世纪40年代末　　　　　　　　D. 20世纪50年代末

(2) 美国《财富》杂志1999年全球500强排行榜丰田汽车公司名列第几名？ （　）
　　A. 3　　　　　B. 5　　　　　C. 9　　　　　D. 10

(3) 丰田汽车公司对新参加工作的员工有计划地实施企业教育，其目的是什么？ （　）
　　A. 培养出高水平的技能集团　　　　B. 提高产品的质量
　　C. 调动员工的生产积极性　　　　　D. 解决员工的人际关系

(4) 丰田汽车公司还创造性地开展非正式教育，其核心是什么？ （　）
　　A. 积极调动员工干劲　　　　　　　B. 培养相互信赖的人际关系
　　C. 提高员工福利保健　　　　　　　D. 提高员工的职业技能

(5) 丰田汽车公司创造出一系列精神教育活动，这种活动是以什么样的形式进行的？ （　）
　　A. 正式和固定　　　　　　　　　　B. 非正式和固定
　　C. 非正式和不固定　　　　　　　　D. 正式和非固定

2. 索尼公司的改革创新之路 🎧 01-02

关键词语

1	竞争	jìngzhēng	競争
2	营销	yíngxiāo	マーケティング
3	陷入	xiànrù	陥る
4	曲折	qūzhé	屈折
5	阻拦	zǔlán	制止
6	推行	tuīxíng	押し広める、普及させる

（续表）

7	毛遂自荐	Máo Suì zì jiàn	自己推薦する
8	申请	shēnqǐng	申請する
9	一视同仁	yīshìtóngrén	のちに、人を差別せずに平等に扱うこと
10	关键	guānjiàn	キーポイント
11	盲从	mángcóng	盲従する
12	创新	chuàngxīn	革新
13	要诀	yàojué	秘訣
14	领导	lǐngdǎo	リーダ
15	融洽	róngqià	打ち解ける

选择正确答案

(1) 《财富》1999年500强排行榜上，索尼公司排名多少位？　　　　　　　　　　　　（　）
　　A. 72　　　　　　B. 50　　　　　　C. 30　　　　　　D. 31

(2) 从20世纪的80年代到90年代，索尼公司的营销陷入困境，是受到什么情况的影响？（　）
　　A. 全球电子企业竞争日益加剧　　　　B. 索尼公司的电子产品质量不过关
　　C. 索尼公司的员工没有生产动力　　　D. 全球金融危机

(3) 下列哪一个不符合索尼公司推行的独特的用人制度标准？　　　　　　　　　　　（　）
　　A. 发挥科技人才的积极性　　　　　　B. 发挥科技人才的首创精神
　　C. 毛遂自荐去申请各种研究课题和开发项目　D. 一个人一直在一个地方

(4) 什么是索尼公司企业文化的重要内容？　　　　　　　　　　　　　　　　　　（　）
　　A. 尊重　　　　　B. 科学技术　　　C. 创新　　　　　D. 销售

(5) 索尼公司平均每个工作日推出几种新产品？　　　　　　　　　　　　　　　　（　）
　　A. 1　　　　　　B. 4　　　　　　C. 6　　　　　　D. 8

二、扩展阅读

1. 华人员工立足日本职场的四大功夫[①]

（1）努力成为不可缺少的人

在日本中小企业里面，老板宠爱的都是那些立即可用并且能带来附加价值的员工。一位华人前辈曾经指点过我，老板在加薪或提拔时，往往不是因为你本分工作做得好，也不是因为你过去的成就，而是觉得你对他的未来有所帮

---
① 李善长. 华人员工立足日本职场的四大功夫. 日本新华侨报网，2009-04-09

助。身为华人员工，就要扪心自问：如果企业解雇你，有没有损失？你的价值、潜力是否大到老板舍不得放弃的程度？一句话，要靠自己的打拼和紧跟时代节拍的专精特长，成为企业不可缺少的人，这是至关重要的。

　　（2）积极建立人际关系网络
　　在社会上，不少人是得益于人际交往能力。企业里面也是如此。建立关系网络，就是创造有利于自我发展的空间，努力得到别人的认可、支持和合作。如何增加"人际资产"呢？日本企业中也不乏以兴趣、爱好、同学、老乡等关系结成的"小团体"，争取成为其中一员；热情帮助别人，广结善缘；诚实、信用、正直是赢得信赖和敬佩的基础。

　　（3）尽量不要把矛盾上缴
　　多年前，一位华人资深前辈曾告诫说，向上面汇报时要切记4个字："不讲困难"。老板每天都面对复杂多变的内外部环境，要比员工遭遇更多的难题，承受更大的压力。将矛盾上缴或报告坏消息，会使老板的情绪变得更糟，还很有可能给他留下"添乱、出难题、工作能力差"的负面印象。

　　（4）切忌发牢骚
　　牢骚通常由不满引起，希望得到别人的注意与同情。这虽是一种正常的心理"自卫"行为，但却是老板心中的最痛。大多数日本企业老板认为，"牢骚族"与"抱怨族"不仅惹是生非，而且造成组织内彼此猜疑，打击团队工作士气。为此，当你牢骚满腹时，不妨记住日本企业里是一个"唯上的社会"，同时，看一看老板定律：一是老板永远是对的；二是当老板不对时，请参照第一条。

关键词语

1	宠爱	chǒng'ài	寵愛する
2	前辈	qiánbèi	先輩
3	指点	zhǐdiǎn	指摘する
4	提拔	tíbá	抜擢する
5	扪心自问	ménxīn zìwèn	胸に手を当てて自問する
6	解雇	jiěgù	解雇する
7	潜力	qiánlì	潜在力
8	人际资产	rénjì zīchǎn	人脈がもたらす財産
9	矛盾	máodùn	矛盾、問題
10	负面	fùmiàn	悪い
11	牢骚	láosāo	不平、不満
12	猜疑	cāiyí	疑う

问题

(1) 华人员工立足日本职场，什么才是最重要的？

(2) 在企业里，很多人得益于人际交往能力，那么，如何增加"人际资产"呢？

(3) 一位资深华人前辈曾告诫说，向上面汇报时要切记4个字："不讲困难"。为什么要"不讲困难"呢？

(4) 为什么牢骚是老板心中的最痛？当你牢骚满腹时，你应该怎么办？

2. 日本企业如何交接班：警惕3个陷阱[①]

陷阱1：公司元老会成为继任者的对抗势力

A社公司的创始人早早地就想培养他的长子成为继承人，创始人去世之后，他的儿子掌握了实权。但公司内部很快就出现了不和。第二代继承人上位不久就想要对公司进行革新，而两个元老却反对革新。这样一来，双方就开始公开对立。为了避免这样的事态发生，最简单的方法是：上一代公司负责人即将隐退的时候，在深思熟虑的基础上，让公司元老一起退休。而另一方面，作为第二代接班人，应该尽量避免剧烈的改革。如果他们进公司后立马进行剧烈改革，那样会很容易引起员工的反感和反对。

陷阱2：上一辈很难做到彻底放手

"握有公司实际经营权的是80多岁的创始人，但60岁的总经理儿子却从没有同金融机构打过交道""从没有让40岁的公司继承人（儿子）看过财务报表"，这些都是实际的案例。想要解决这一问题，只有公司继承人要求父辈对公司经营保持一定距离。只有父辈交接公司所有的经营权给继承者，彻底放手，这样后继者才不得不认真考虑今后公司经营的方向。

陷阱3：因前任交代不周而导致继任者处境不利

在中小企业传承的过程中，订立遗书是作为企业最高决策者必须要完成的最重要的事项之一。制造业C公司，是三代经营的优良企业。公司创始人（已故）有3个儿子，长子作为总经理的继承人，次子被安排在公司的间接部门，小儿子则完全不接触C公司的经营，在其他公司就职。然而，C公司的创始人没有留下遗书就突然离世，其所持有的公司股份也按照法律由其3个儿子各继承三分之一，结果导致公司股权分散，公司在其发展中出现了严重的危机。因此，防止出现C公司相同问题的最好的方法，就是创始人在生前订立对企业继承不会有任何影响的遗嘱。除此之外别无他法。

[①] 日本企业如何交接班.天下浙商网，2011-0-12

关键词语

1	交接班	jiāojiēbān	事業を引き継ぐ
2	警惕	jǐngtì	警戒する
3	陷阱	xiànjǐng	落とし穴
4	元老	yuánlǎo	元老、長老
5	对抗势力	duìkàng shìlì	対抗勢力
6	继承人	jìchéngrén	継承者
7	革新	géxīn	革新する
8	隐退	yǐntuì	引退する
9	深思熟虑	shēnsī shúlǜ	深思熟慮
10	避免	bìmiǎn	避ける
11	彻底	chèdǐ	徹底的に
12	父辈	fùbèi	父の世代
13	遗书	yíshū	遺書
14	间接	jiànjiē	間接的な
15	股权	gǔquán	株主権

问题

(1) 当企业交接班时，一般谁会成为第二代继承人的对抗势力？为了避免这种对立，应该怎样做？

(2) 作为第二代接班人，为什么应该尽量避免剧烈的改革？

(3) 案例哪些地方体现了"上一辈很难做到彻底放手"的现象？上一辈为什么要做到彻底放手？

(4) 制造业C公司为什么会发生公司股权分散的结果？有什么解决的办法？

三、根据情景写一段话

1. 用"追溯""通过""开始"等词语，简要叙述富士电机公司最初的发展。

2. 用"截至目前""近""约占"等词语叙述一下富士电机在中国的发展情形。

3. 用关联词语"不是……而是……"说说老板给你加薪的理由。

4. 在公司，彼此猜疑和牢骚满腹的原因是什么？列举时请用上"不是……就是……"或"要么……要么……"之类的关联词语。

四、调查任务

请你调查两个以上企业在员工培育方面的案例,回答下列问题并选择答案。

1. 这两个企业分别是跨国企业,还是日本国内企业? （　　）[单选]
   A. 跨国企业 　　　　　　　　　　　B. 日本国内企业
   C. 一个是跨国企业,一个是日本国内企业

2. 这两家企业分别有多长时间的历史? （　　）[多选]
   A. 历史都不太长 　　　　　　　　　B. 一家企业的历史比另一家长
   C. 历史都比较短

3. 在这两个企业里,老板一般宠爱的员工往往有哪些方面的特点? （　　）[多选]
   A. 勤奋 　　　　　　　　　　　　　B. 主动加班
   C. 听话

4. 你觉得这两家公司的产品销路如何? （　　）[多选]
   A. 凑合 　　　　　　　　　　　　　B. 马马虎虎
   C. 时好时差 　　　　　　　　　　　D. 以上都不是

5. 以下哪些是这两家公司成功的共同经验? （　　）[多选]
   A. 善于宣传 　　　　　　　　　　　B. 内部管理严格
   C. 领导得力 　　　　　　　　　　　D. 产品适合市场需要

6. 两家公司目前的人才培养计划你觉得可行吗? （　　）[多选]
   A. 比较可行 　　　　　　　　　　　B. 基本可行
   C. 力度不足 　　　　　　　　　　　D. 非常好

7. 你觉得公司老一辈和年轻人之间如何相处才是正确的呢? （　　）[单选]
   A. 所有事都听老一辈的 　　　　　　B. 所有事都听年轻一辈的
   C. 要进行激烈的改革 　　　　　　　D. 温和的改革、互相沟通

五、写作

在第四题的调查结果的基础上,写一段500字左右的短文,介绍你调查企业的员工培育模式,并假设你是公司老板,从这些培育方式中你得到了什么启发。

第2课

欧姆龙公司：为助残事业做贡献

课前热身

1. **你觉得企业家和商人有什么不同？**
   あなたは企業家とビジネスマンの違いは何だと思いますか。

2. **残疾人的社会公益事业主要有哪些事情可做？**
   障害者社会公益事業は主にどのような事をすべきですか。

3. **目前的助残事业中存在哪些需要解决的问题？**
   現在の障害者支援事業にはどのような解決すべき問題がありますか。

图片来源：http://image.baidu.com/i?ct=503316480&z=0&tn=baiduimagedetail&ipn=d&word=

第2课　欧姆龙公司：为助残事业做贡献

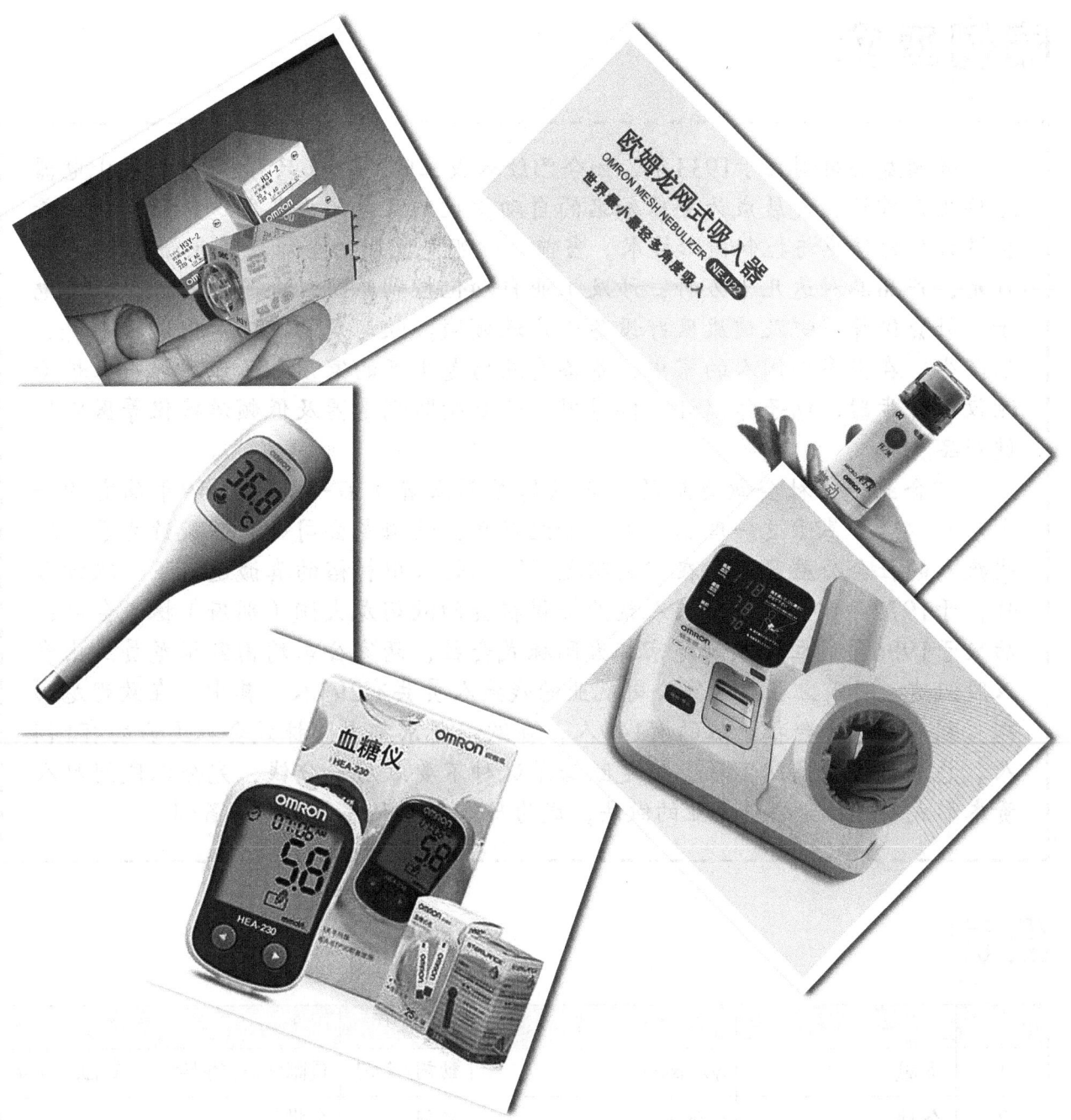

图片来源：http://image.baidu.com/i?ct=503316480&z=0&tn=baiduimagedetail&ipn=d&word=

案例背景

欧姆龙公司始创于1933年，现有员工32,583人，全球年营业额6,700亿日元，产品品种达几十万种，涉及工业自动化控制系统、电子元器件、汽车电子、社会系统以及健康医疗设备等广泛领域。创造社会需求，构筑"安心""安全""环保""健康"的社会，是欧姆龙公司的发展目标。

案例正文[①]

> 欧姆龙公司创立于1933年，如今已经从成立时的一家只有2名员工的小电器元件生产作坊，发展成为全球知名的自动化控制及电子设备制造厂商，掌握着世界领先的传感与控制核心技术。当前，欧姆龙集团的全球年营业额近6,700亿日元，产品品种达几十万种，涉及工业自动化控制系统、电子元器件、汽车电子、社会保障系统及健康医疗设备等广泛领域。欧姆龙的名字对中国人来讲并不陌生，在很多中国人的家中，都备有欧姆龙生产的家用电子血压计、血糖检测仪、计步器、电子体温计、按摩器、体重脂肪测量器及低频治疗仪等医疗保健产品。
>
> "企业是为社会做贡献的"是欧姆龙创立者立石一真在1959年确定的一个基本理念。基于这一理念，半个世纪以来，欧姆龙公司一直积极致力于扶助残疾人的社会公益事业。在"太阳之家"创始人中村裕的真诚邀请下，双方合作，于1972年组建了为残疾人就业提供机会的欧姆龙太阳（别府）株式会社；后又于1986年成立了欧姆龙京都太阳株式会社，两家公司均由欧姆龙员工出资入股组建。目前，在这两家公司就业的残疾人员共有293人，其中，在欧姆龙太阳（别府）株式会社上班的有149人，在欧姆龙京都太阳株式会社上班的有144人。总雇佣人数虽然不多，但是欧姆龙这种不要政府一分钱，完全以民间私人资本形式创办社会公益企业的做法，成为日本残疾人福利工厂的首创。

生词

序号	词语	拼音	词性	日语翻译
1	贡献	gòngxiàn	動詞/名詞	貢献する、寄与する、貢献、寄与
2	全球	quánqiú	名詞	全世界
3	年营业额	nián yíngyè'é	名詞	年間売上高
4	系统	xìtǒng	名詞	システム
5	如今	rújīn	名詞	今では
6	作坊	zuōfang	名詞	（手工業の）工場
7	当前	dāngqián	名詞	目下の
8	备有	bèiyǒu	動詞	備えられている

---

① 鲍显铭.感受日本企业的经营特色：企业文化各不相同.经济日报，2011-10-10

（续表）

序号	词语	拼音	词性	日语翻译
9	家用	jiāyòng	形容詞	家庭用の
10	电子血压计	diànzǐ xuèyājì	名詞	電子血圧計
11	血糖检测仪	xuètáng jiǎncèyí	名詞	血糖測定器
12	计步器	jìbùqì	名詞	歩数計
13	电子体温计	diànzǐ tǐwēnjì	名詞	電子体温計
14	按摩器	ànmóqì	名詞	マッサージ器
15	体重脂肪测量器	tǐzhòng zhīfáng cèliángqì	名詞	体重は脂肪測定器
16	低频治疗仪	dīpín zhìliáoyí	名詞	低週波治療器
17	保健	bǎojiàn	動詞	保健の、ヘルスケアの
18	以来	yǐlái	副詞	以来
19	扶助	fúzhù	動詞	扶助する
20	残疾人	cánjírén	名詞	身体障害者
21	公益	gōngyì	名詞	公益
22	组建	zǔjiàn	動詞	組織し設立する、立ち上げる
23	就业	jiùyè	動詞	就職する
24	均	jūn	副詞	全部
25	出资	chūzī	動詞	出資する
26	入股	rùgǔ	動詞	株主になる
27	雇佣	gùyōng	動詞	雇用する
28	民间	mínjiān	名詞	民間の
29	私人	sīrén	名詞	個人の
30	福利	fúlì	名詞	福祉
31	首创	shǒuchuàng	動詞	創始する

案例分析与讨论

一、案例讨论

1. 欧姆龙公司前身是做什么的，现在又是做什么的？它是怎么样发展起来的？
2. 欧姆龙公司为什么要组建欧姆龙太阳（别府）株式会社？

3. 你认为欧姆龙公司的发展前景如何？为什么？

4. 如果你是欧姆龙公司的CEO，你会组建为残疾人提供就业机会的公司吗？为什么？

二、情景会话

两人一组，一人扮演报社的记者，一人扮演欧姆龙公司CEO，就欧姆龙公司关注残疾人发展事业进行访谈。

语言技能练习

一、回答问题

1. 请简单说说欧姆龙公司的发展历史。

2. 欧姆龙公司有哪些中国人熟悉的产品？

3. 欧姆龙创立者立石一真在1959年确定了一个什么基本理念？公司又是怎样实施这一基本理念的？

4. 欧姆龙的什么做法成为日本残疾人福利工厂的首创？为什么？

二、选择正确答案

1. 欧姆龙公司最初是生产什么的？ （   ）
   A. 小电器元件　　　　　　　　　　B. 汽车电子产品
   C. 电子测量器　　　　　　　　　　D. 工业自动化设备

2. 欧姆龙产品品种几十万，不包括下面哪个？ （   ）
   A. 小电器元件　　　　　　　　　　B. 健康医疗设备
   C. 电子元器件　　　　　　　　　　D. 社会系统

3. 半个世纪以来，欧姆龙公司基于什么理念而致力于扶助残疾人事业？ （   ）
   A. 企业是服务社会的　　　　　　　B. 企业是为社会做贡献的
   C. 企业社会是一家　　　　　　　　D. 企业发展是靠大家的

4. 欧姆龙公司员工出资组建欧姆龙京都太阳株式会社的目的是什么？ （   ）
   A. 为社会做贡献　　　　　　　　　B. 帮助残疾人找工作
   C. 为了公司自身的利益　　　　　　D. "太阳之家"的真诚邀请

5. 目前，欧姆龙公司员工出资组建的公司总共有多少残疾人上班？ （   ）
   A. 149人　　　　　　　　　　　　B. 293人
   C. 144人　　　　　　　　　　　　D. 169人

6. 欧姆龙公司从事残疾人福利事业的模式是什么？ （   ）
   A. 完全依靠政府　　　　　　　　　B. 完全是民间行为
   C. 政府和民间相结合　　　　　　　D. 依靠银行的支持

三、选词填空

① 如今　　② 年营业额　　③ 福利　　④ 雇佣　　⑤ 扶助
⑥ 公益　　⑦ 均　　　　⑧ 入股　　⑨ 就业　　⑩ 贡献

1. A公司今年的_____比去年上涨20%。
2. 王老板去年_____了一位技术员，工作非常出色。
3. 我们公司很注重社会_____事业。
4. 欧姆龙公司为残疾人提供了许多_____机会。
5. A公司和B公司的员工_____参加了这次会议。
6. B公司今年一共_____了一千多名残疾人。
7. 今年，A公司_____B公司，双方一起合作开发项目。
8. 因为这家公司的_____好，很多毕业生都愿意来工作。
9. _____，我们的社会越来越好了。
10. 每一位员工对公司的发展都有_____。

四、用所给句型完成句子

1. 涉及……等

   例 当前，欧姆龙集团的全球年营业额近6,700亿日元，产品品种达几十万种，<u>涉及</u>工业自动化控制系统、电子元器件、汽车电子、社会保障系统及健康医疗设备<u>等</u>广泛领域。

   (1) A公司的电子产品很多，品种多达几千种，_____。
   (2) 我们公司设计的这款手表销量很广，_____。

2. 虽然……但是……

   例 总雇佣人数<u>虽然</u>不多，<u>但是</u>欧姆龙这种不要政府一分钱，完全以民间私人资本形式创办社会公益企业的做法，成为日本残疾人福利工厂的首创。

   (1) _____A公司的福利不是很好，_____员工很多。
   (2) 我们公司市场销售部人员_____很多，_____业绩却不好。

五、用所给句型改写句子

1. 在……下

   例 <u>在</u>"太阳之家"创始人中村裕的真诚邀请<u>下</u>，双方合作，于1972年组建了为残疾人就业提供机会的欧姆龙太阳（别府）株式会社。

   (1) 部长给他提供了许多帮助，他的销售业绩变好了。
   _____。
   (2) A公司扶助了许多残疾人，给他们提供了很多就业机会。
   _____。

2. 共有……

   例 目前，在这两家公司就业的残疾人员共有293人，其中，在欧姆龙太阳（别府）株式会社上班的有149人，在欧姆龙京都太阳株式会社上班的有144人。

   (1) 我们厂男职员230人，女职员256人。
   _____。

   (2) 我们公司今年上半年的销售额是2,000万元，下半年是2,600万元。
   _____。

3. 基于……一直……

   例 基于这一理念，半个世纪以来，欧姆龙公司一直积极致力于扶助残疾人的社会公益事业。

   (1) A公司始终把提高产品质量放在首位，几年来常抓不懈。
   _____。

   (2) 孩子就要入小学了，经过反复考虑，他们还是不准备把家搬到远处去，继续住在学校附近。
   _____。

4. ……了……后又……均由……

   例 双方合作，于1972年组建了为残疾人就业提供机会的欧姆龙太阳（别府）株式会社；后又于1986年成立了欧姆龙京都太阳株式会社，两家公司均由欧姆龙员工出资入股组建。

   (1) 爸爸第一次给了小王1,000元，第二次给了500元，都是让邻居转交的。
   _____。

   (2) 他暑假先去了一趟东北，8月份又去了一趟欧洲，两次旅行都是由A公司出钱赞助的。
   _____。

巩固与扩展

一、听力理解

1. 欧姆龙为社会做贡献 02-01

关键词语

1	理念	lǐniàn	理念
2	秉承	bǐngchéng	従う
3	战略	zhànlüè	戦略
4	敏锐	mǐnruì	鋭い
5	察觉	chájué	気付く
6	潜在	qiánzài	潜在的な

第2课 欧姆龙公司：为助残事业做贡献

（续表）

7	迄今为止	qìjīn wéizhǐ	今に至るまで
8	措施	cuòshī	措置
9	残障人员	cánzhàng rényuán	障害のある従業員
10	振兴	zhènxīng	振興する

选择正确答案

(1) 欧姆龙的宗旨"用我们的工作，改善我们的生活，创造更美好的社会"是在什么时候制定的？（　）
  A. 1950　　　　　　　　　　　B. 1959
  C. 1972　　　　　　　　　　　D. 1990

(2) 欧姆龙的宗旨是基于什么样的基本理念？（　）
  A. 为社会创造需求　　　　　　B. 为企业创造财富
  C. 企业是为社会做贡献的　　　D. 企业的持续发展

(3) 欧姆龙的一条重要的经营法则是什么？（　）
  A. 创造社会需求　　　　　　　B. 为社会做贡献
  C. 创造企业财富　　　　　　　D. 提高企业创新力

(4) 欧姆龙通过自身的业务努力解决各种社会课题，为社会做出贡献。下面哪个课题文中没有提及？（　）
  A. 福利　　　　　　　　　　　B. 安全
  C. 健康　　　　　　　　　　　D. 环保

(5) 欧姆龙正在积极地开展为社会做贡献活动，下面哪个领域没有提及？（　）
  A. 接纳残障人员工作　　　　　B. 体育
  C. 教育　　　　　　　　　　　D. 艺术

2. 工作比同情更重要 🎧 02-02

关键词语

1	捐款	juānkuǎn	寄付金
2	助残	zhù cán	障害者を支援する
3	备案	bèi'àn	(公的機関に)記録する
4	无障碍设施	wúzhàng'ài shèshī	バリアフリー施設
5	碰壁	pèngbì	壁にぶつかる
6	应聘	yìngpìn	面接に行く、応募する
7	如愿以偿	rúyuàn yǐcháng	願いがかなう

（续表）

8	面对面	miànduìmiàn	顔を付き合わせて
9	沟通	gōutōng	コミュニケーション
10	肯定	kěndìng	是認、肯定
11	授予	shòuyǔ	授与する

选择正确答案

(1) 欧姆龙（大连）有限公司之所以有名是因为什么？ （　　）
  A. 公司经营业绩　　　　　　　　B. 关心残疾人身体健康
  C. 安置残疾人就业　　　　　　　　D. 解决残疾人生活困难

(2) 欧姆龙（大连）有限公司的助残理念是什么？ （　　）
  A. 应该多关心残疾人，让他们少工作、多休息
  B. 应该从道义上多关心残疾人
  C. 给予同情比给予工作更重要
  D. 给予工作比给予同情更重要

(3) 欧姆龙（大连）有限公司在哪年雇佣了第一名残疾人员？ （　　）
  A. 1991年　　　　　　　　　　　　B. 2004年
  C. 1993年　　　　　　　　　　　　D. 2003年

(4) "处处碰壁"表示什么意思？ （　　）
  A. 经常遇到困难　　　　　　　　　B. 经常遇到好人
  C. 到处碰到墙壁　　　　　　　　　D. 到处被人骂

(5) "如愿以偿"一般指什么意思？ （　　）
  A. 损失得到赔偿　　　　　　　　　B. 愿望如期实现
  C. 尝到了美味的食品　　　　　　　D. 把愿望放在心底

二、扩展阅读

1. 联合利华积极实行可持续发展计划[①]

  1929年，英国Lever公司与荷兰Margarine Unie公司签订协议，组建联合利华（Unilever）公司。经过80年的发展，联合利华公司已成为世界上最大的日用消费品公司之一，在全球雇员超过171,000名。2011财政年度，公司全年销售额约465亿欧元。
  联合利华相信成功的企业必须要以负责任的态度对社会产生积极的影响。为了体现这一理念，联合利华与社会共同创造财富、分享财富，支持当地经济

---
① www.zgwsfz.org.cn 2010-04-06

发展，为社会培养人才，并积极担负企业社会责任。2009年，联合利华在全球公益事业上共计投资8,900万欧元。

2010年11月，联合利华在全球范围内公布了可持续行动计划，承诺实施未来10年的可持续发展计划。该计划与众不同之处在于其适用于价值链的各个环节。联合利华承诺："我们正在承担责任，不仅在我们能够直接控制的领域，也包括我们的供应商与分销商，更重要的是，我们关注消费者使用我们产品的情况。"

为了履行对社会的承诺，联合利华（中国）有限公司携手特易购（中国）有限公司与黄山市人民政府签订协议，共同促进黄山市生态环境的永续利用，推动可持续农业发展。"作为最早进入中国的外企之一，我们对中国有着长远的承诺，希望能够在中国建立一个可持续的商业，因此在采购、加工、销售等环节需要与我们的商业伙伴一起努力。"联合利华大中华区副总裁曾锡文先生说："这次和特易购的合作就是一个范例，一方面推动了可持续农业资源的使用，另一方面也帮助当地农民增加了收入。"

在全球范围内，联合利华都致力于加强人们的环境保护意识，推广可持续性发展计划，并在2008年的全球可持续发展报告中明确提出，要努力使对环境所产生的影响降到最低，使人们生活得更好。

目前，联合利华（中国）正在积极地与上下游的供应商和客户展开环保方面的合作，共同携手推动可持续发展计划。2009年3月，联合利华与沃尔玛合作，推出的"环保替换装"夏士莲洗发水，大大减少了包装材料使用，并在沃尔玛的2009年度供应商"环保包装竞赛"中赢得了环保包装金奖。

关键词语

1	可持续	kěchíxù	持続可能な
2	雇员	gùyuán	従業員
3	担负	dānfù	担う
4	投资	tóuzī	出資する
5	承诺	chéngnuò	約束する
6	价值链	jiàzhíliàn	価値連鎖
7	环节	huánjié	段階
8	供应商	gōngyìngshāng	供給業者
9	履行	lǚxíng	履行する
10	携手	xiéshǒu	提携する
11	采购	cǎigòu	仕入れ
12	范例	fànlì	手本
13	资源	zīyuán	資源

问题

(1) 联合利华以负责任的态度对社会产生积极的影响,从哪些地方可以看出这一态度?

(2) 2010年11月,联合利华在全球范围内公布了什么计划,该计划有什么与众不同之处?如何理解这种与众不同之处?

(3) 联合利华(中国)有限公司携手特易购(中国)有限公司与黄山市人民政府签订协议,这份协议的目的是什么?达到了什么样的效果?

(4) 联合利华(中国)为推动可持续发展计划都采取了什么具体行动?

2. 家乐福加入"爱心包裹"活动①

最近,家乐福与中国扶贫基金会合作,提供北京、广东、黑龙江、山东等6省市10余个门店作为"爱心包裹劝募志愿者"活动的宣传场地。此次活动为期3周,目前家乐福各店的捐赠站已募捐到5万多元善款,意味着500多名贫困学生将收到来自社会各界善心人士的"爱心包裹"。

此次家乐福与扶贫基金会合作的"爱心包裹"活动主要致力于改善贫困地区农村小学的教学现状和小学生的学习生活条件,在补充基础文具资源的同时,填补美术及手工课用具方面的空白,从而培养学生的想像力和动手能力,传递自然科学、健康卫生等知识,促进学生全方面的发展,帮助他们更好地完成学业。

在北京家乐福的"爱心包裹"捐赠站,我们遇到了正在捐款的退休教师王女士,她说:"100元的捐款不是很多,只是表达我的一片心意。希望这些爱心包裹能够让孩子们的学习生活更加丰富多彩。"很多来到家乐福捐款的市民都表示,捐款金额虽然不大,希望能够为孩子们贡献一己之力。

家乐福在公益平台的活跃身影远不止于此,去年,海口家乐福与民进琼山区委共同发起了"'小善大爱'环保志愿行动",面向在校学生和广大市民收集课外书籍和秋冬衣物,在节约资源、避免浪费的同时,为偏远贫困山区的孩子送去温暖与爱心。

自1995年进入中国市场以来,家乐福始终把社会责任作为企业发展策略的重点之一,致力于成为优秀的外资企业。以商务部、农业部等部委大力推进的农超对接项目为例,家乐福曾多次奔赴滞销农产品产地进行直采,从海南香蕉、大连苹果,到内蒙古土豆、黑龙江秋菜等,并在卖场开设"卖难菜"专区,通过平价促销,扩大销售量,解决农民卖菜难,消费者买菜贵的难题。

---

① 家乐福加入"爱心包裹"积极投身社会公益. 中国商业展示网, 2012-05-08

家乐福在公益活动方面的积极表现不但得到了广大人民群众的支持，更得到了社会的认可。2012年3月，海口家乐福获海口市模范劳动关系和谐企业称号，而在今年的《财富》"企业社会责任排行榜"中，家乐福大幅跃进至第16位，成为榜单中排名变化最大的外资企业。

关键词语

1	包裹	bāoguǒ	小包
2	基金会	jījīnhuì	基金
3	劝募	quànmù	寄付を募る
4	志愿者	zhìyuànzhě	ボランティア
5	捐赠	juānzèng	寄贈する、寄付する
6	募捐	mùjuān	寄付を募る
7	善款	shànkuǎn	慈善目的の寄付金
8	填补	tiánbǔ	補充する
9	退休	tuìxiū	退職する
10	心意	xīnyì	（他人に対する）真心
11	丰富多彩	fēngfù duōcǎi	多種多様である
12	一己之力	yì jǐ zhī lì	一個人の力、個人的な力
13	活跃	huóyuè	活発な
14	策略	cèlüè	策略、戦略
15	滞销	zhìxiāo	売れ行きが悪い
16	平价	píngjià	安価

问题

(1) 家乐福与中国扶贫基金会合作的"爱心包裹"活动主要致力于什么方面？活动的目的是什么？

(2) 除了与中国扶贫基金会合作的"爱心包裹"活动，还能在哪些地方看到家乐福在公益平台的活跃身影？

(3) 从文中哪里可以看出"自1995年进入中国市场以来，家乐福始终把社会责任作为企业发展策略的重点之一，致力于成为优秀的外资企业"？

(4) 家乐福在公益活动方面的积极表现取得了什么样的反响与结果？

三、根据情景写一段话

1. 用"开始""创立于""达到"等词语描述欧姆龙公司最初的发展情形。

2. 为什么欧姆龙（大连）有限公司是有名的爱心企业？请用上"招收""应聘""照顾""关心"等词语。

3. 用"致力""推广""可持续发展"等词语描述联合利华在环境保护等方面的努力。

4. 用"送温暖""献爱心"和"节约资源""反对浪费"等词语来谈谈家乐福在公益活动方面的成绩。

四、调查任务

CSR是Corporate Social Responsibility 的简称，中文翻译为"企业社会责任"。企业社会责任是指企业在创造利润、对股东负责的同时，还应承担起对劳动者、消费者、环境、社区等利益相关方的责任。如今，很多企业开始实施CSR计划，开始承担起对社会的责任。但有人认为CSR计划会使企业资金外溢，不利于企业积累资金投入生产；也有人认为CSR计划既可以贡献社会，又可以提高企业竞争优势。请以多家企业的CSR计划为调查对象，简单分析一下，企业实施CSR计划对企业和社会的影响。

五、写作

请在第四题的调查基础上，写一篇500字左右的短文，主要谈谈CSR计划对社会、企业各有什么影响。

第3课

上海电气收购日本秋山

课前热身

1. 什么是企业并购?
   企業の合併買収とは何ですか。

2. 试举一二个你所知道的最近发生的企业并购的著名案例。
   あなたの知っている最近の有名な合併買収の事例を一つ二つ挙げてみてください。

3. 上海电气并购日本秋山的过程是怎么样的?
   上海電気は日本の秋山をどのようなプロセスで買収合併したのですか。

图片来源：http://image.baidu.com/i?tn=baiduimage&ipn=r&ct=201326592&cl=2&lm=-1&st=-1&fm=result&fr=&sf=1&fmq=1427771740500_R&pv=&ic=0&nc=1&z=&se=1&showtab=0&fb=0&width=&height=&face=0&istype=2&ie=utf-8&word=上海电气集团印刷包装机械有限公司

图片来源：http://image.baidu.com/i?tn=baiduimage&ipn=r&ct=201326592&cl=2&lm=-1&st=-1&fm=index&fr=&sf=1&fmq=&pv=&ic=0&nc=1&z=&se=1&showtab=0&fb=0&width=&height=&face=0&istype=2&ie=utf-8&word=上海电气收购日本秋山

案例背景

　　企业收购是指甲企业通过一定的程序和手段取得乙企业的部分或全部所有权的投资行为，购买者一般可通过现金或股票完成收购，取得被收购企业的实际控制权。企业收购一直是国际直接投资的主要形式之一。上海电气通过并购国外企业获得自主创新所需要的技术、人才和机制等资源，从而实现企业的跨越式发展。

案例正文[1]

上海电气集团印刷包装机械有限公司（简称：上海电气）是中国目前最大、产品类别最全的印刷包装机械企业集团，也是最大的特种印刷机械制造基地，最齐全的印后设备制造基地。上海电气旗下的企业有上海高斯印刷设备有限公司、上海光华印刷机械有限公司、上海亚华印刷机械有限公司、上海紫光机械有限公司、上海申威达机械有限公司、第二印刷包装机械分公司、第三印刷机械分公司、进出口分公司、供销分公司、秋山国际株式会社、上海紫宏机械有限公司、上海爱凯思机械刀片有限公司。

虽然上海电气成立的时间不是很长，但是"出海跨洋"却一路领先。2002年2月，上海电气与英资晨星集团联手，各出50%的资金收购日本秋山印刷机械株式会社（简称：日本秋山），开创中国国有企业买下日本企业的先例。中方接受了包括土地、房屋、机器、市场在内的所有权益，并保留原企业的大部分员工。收购后成立的新公司名为秋山国际株式会社，总投资900万美元。新公司社长由上海电气派驻。上海电气在这次收购中不仅取得了该公司在日本的营业权，同时也吸收了其属下的50名熟练技术人员，并接收了该公司的印刷机发明技术。通过收购，上海电气一举树立了其在国内单张纸胶印机领域的领先地位。而更大的成功不仅仅如此，经过收购改造后的秋山国际，2003年税后净利润为84万美元，收益率达到10%，可谓"开门红"，当时也引起了日本国内媒体的强烈关注。日本官方的《2003年产业白皮书》更是将这个规模不大的收购引为典型外资收购案例。

与此同时，秋山国际株式会社也成为了上海电气的单张纸技术支撑，为扩大单张纸印刷机增长空间，上海光华印刷机械有限公司、上海亚华印刷机械有限公司、上海紫明印刷机械有限公司都做出了相应的举动。在扩大单张纸多色印刷机销售市场的同时，继续采取大动作推进单张纸多色印刷机的产业化生产。

生词

序号	词语	拼音	词性	日语翻译
1	收购	shōugòu	动词	買収する
2	包装	bāozhuāng	名词	包装

---

[1] 上海电气收购秋山.必胜印刷网，2005-10-12

（续表）

序号	词语	拼音	词性	日语翻译
3	机械	jīxiè	名词	機械
4	类别	lèibié	名词	類別、分類
5	特种	tèzhǒng	形容词	特殊な
6	基地	jīdì	名词	基地
7	设备	shèbèi	名词	設備、プラント
8	旗下	qíxià	名词	傘下の、配下の
9	出海跨洋	chūhǎi kuàyáng	名词	（比喩）海外進出
10	一路领先	yílù lǐngxiān	動词	ずっと先頭を行く
11	联手	liánshǒu	動词	連携する
12	先例	xiānlì	名词	先例、前例
13	权益	quányì	名词	権益
14	派驻	pàizhù	動词	派遣されて駐在する
15	属下	shǔxià	名词	管轄下の、配下の
16	一举	yìjǔ	副词	一挙に
17	税后	shuìhòu	名词	税引後
18	净利润	jìnglìrùn	名词	純利益
19	率	lù	名词	率
20	开门红	kāiménhóng	名词	（比喩）事が最初からうまくいく
21	典型	diǎnxíng	形容词	典型的な、代表的な
22	支撑	zhīchēng	名词/動词	支柱、柱
23	产业化	chǎnyèhuà	名词	産業化する

案例分析与讨论

一、案例分析

1. 上海电气集团印刷包装机械有限公司为什么要收购日本秋山株式会社？它是怎样收购的？

2. 为什么日本官方《2003年产业白皮书》将这个规模不大的收购引为典型外资收购案例？

3. 你认为秋山国际株式会社以后的发展会是怎样的？为什么？

4. 从中日关系来看，谈谈你对本案例中国企业收购日本企业的看法。

二、情景会话

将全班同学分为A、B两组，A组为收购方，B组为被收购方，双方就收购中的相关条件进行商谈。

语言技能练习

一、回答问题

1. 请简单介绍一下上海电气集团印刷包装机械有限公司。

2. 上海电气集团印刷包装机械有限公司是如何收购日本秋山株式会社的？收购后又是如何安排人员的？收购后取得了什么样的成功？

3. 上海光华印刷机械有限公司、上海亚华印刷机械有限公司、上海紫明印刷机械有限公司等做出了哪些相应的举动？

二、选择正确答案

1. 关于对上海电气集团印刷包装机械有限公司的认识，下列不正确的是哪个？　　　　（　　）
   A. 目前中国国内最大、产品类别最全的印刷包装机械企业集团
   B. 中国最大的特种印刷机械制造基地、最齐全的印后设备制造基地
   C. 被日本秋山印刷株式会社成功收购
   D. 旗下企业有上海高斯印刷设备有限公司

2. 什么开创了中国国有企业买下日本企业的先例？　　　　（　　）
   A. 英资晨星集团成功收购日本秋山株式会社
   B. 上海电气集团印刷包装机械有限公司和英姿晨星集团联手收购日本秋山株式会社
   C. 上海电气集团印刷包装机械有限公司成功收购日本秋山株式会社
   D. 成立了秋山国际株式会社

3. 案例中划线的"该"和"其"指的是什么？　　　　（　　）
   A. 上海电气集团印刷包装机械有限公司；日本秋山印刷株式会社
   B. 日本秋山印刷株式会社；上海电气集团印刷包装机械有限公司
   C. 上海电气集团印刷包装机械有限公司；上海电气集团印刷包装机械有限公司
   D. 日本秋山印刷株式会社；日本秋山印刷株式会社

4. 秋山国际株式会社更大的成功是什么？　　　　（　　）
   A. 引起了日本国内媒体的强烈关注
   B. 新公司社长由上海电气集团印刷包装机械有限公司派驻
   C. 2003年税后净利润为84万美元，收益率达到10%
   D. 树立了其在国内单张纸胶印机领域的领先地位

5. 上海光华印刷机械有限公司、上海亚华印刷机械有限公司、上海紫明印刷机械有限公司都作出了相应举动的目的是什么？　　　　（　　）
   A. 扩大单张纸印刷机增长空间　　　　B. 想成为单张纸技术的支撑
   C. 扩大单张纸的市场销售　　　　　　D. 推进单张纸的专业化生产

6. 汉语中"开门红"一般用来比喻什么？　　　　　　　　　　　　　　（　　）
   A. 开门见喜，比喻比较顺利　　　　　　B. 开门见火，表示发生火灾
   C. 比喻刚开始就遇到失败　　　　　　　D. 比喻刚开始就获得成功

三、选词填空

> ① 设备　　② 联手　　③ 净利润　　④ 典型　　⑤ 开门红
> ⑥ 旗下　　⑦ 收购　　⑧ 产业化　　⑨ 一路领先　　⑩ 派驻

1. 会议决定，下属公司的CEO由总部_____。
2. 在这次竞标（jìngbiāo 入札）中，我公司又一次取得了_____。
3. 今年，我公司的税后_____达到了这几年的最高点。
4. 为了更好地做好研究工作，A公司引进了许多先进的机械_____。
5. 凯迪拉克（Kǎidílākè キャデラック）是通用电气_____的品牌之一。
6. A公司_____B公司，打败了竞标对手。
7. 今年我公司产品终于实现了技术的_____。
8. 最近的王老吉和加多宝之争是商标争夺案的_____。
9. 此次竞标成功，使得_____公司的每一位员工都将得到很多利益。
10. 在这个技术领域，这家企业近几年来，一直是_____。

四、用所给句型完成句子

1. 包括……在内

   例 中方接受了**包括**土地、房屋、机器、市场**在内**的所有权益，并保留原企业的大部分员工。

   (1) A公司旗下的品牌多达几千种，_____。
   (2) _____，都是我们公司新的产业化产品。

2. 在……的同时

   例 **在**扩大单张纸多色印刷机销售市场**的同时**，继续采取大动作推进单张纸多色印刷机的产业化生产。

   (1) _____，公司也从市场需求出发，更好地推出当季新产品。
   (2) _____，公司也将继续采用这个广告文案。

3. ……并……

   例 中方接受了包括土地、房屋、机器、市场在内的所有权益，**并**保留原企业的大部分员工。

   (1) 我记住了他的名字，_____。
   (2) 总经理亲切接见了来访的外国客人，_____。

4. 不仅……同时……也……

   例 上海电气在这次收购中**不仅**取得了该公司在日本的营业权，**同时也**吸收了其属下50名熟练的技术人员，并接收了该公司的印刷机发明技术。

(1) A公司通过技术创新，不仅提高了产品质量，＿＿＿＿＿＿＿＿＿＿＿＿＿＿＿＿＿＿＿＿＿＿。

(2) ＿＿＿＿＿＿＿＿＿＿＿＿＿＿＿＿＿＿，同时因为他在这次事故中没有购买保险，保险公司的赔偿也不能指望了。

五、用所给句型改写句子

1. 开创……先例

   例 2002年2月，上海电气与英资晨星集团联手，各出50%的资金收购日本秋山印刷机械株式会社，<u>开创</u>中国国有企业买下日本企业的<u>先例</u>。

   (1) 2012年，小李开了一家自己的公司，他是大学生中第一个创业成功的人。
   ＿＿。

   (2) C城的E公司在很多方面都是第一，包括电子产品、珠宝设计等在内。
   ＿＿。

2. 引起……关注

   例 2003年税后净利润为84万美元，收益率达到10%，可谓"开门红"，当时也<u>引起</u>了日本国内媒体的强烈<u>关注</u>。

   (1) A公司从小公司发展一路领先，成为了大公司，受到很多媒体和其他企业的注意。
   ＿＿。

   (2) 会议上，王部长提出的市场推广计划，吸引了董事长和每个员工。
   ＿＿。

巩固与扩展

一、听力理解

1. 山东如意收购声望株式会社 🎧 03-01

关键词语

1	纺织	fǎngzhī	紡績、紡ぎ織る
2	涉及	shèjí	かかわる
3	多元化	duōyuánhuà	多元的な、多角的な
4	高端	gāoduān	高級な、ハイエンドの
5	高档	gāodàng	高級な、上等な
6	抗衡	kànghéng	対抗する
7	成衣	chéngyī	既製服
8	亏损	kuīsǔn	損失を出す、欠損を生じる

(续表)

9	销路	xiāolù	販路
10	双赢	shuāngyíng	双方ともに利益を得る
11	庞大	pángdà	膨大な、とてつもなく大きい
12	焕发生机	huànfā shēngjī	活力を奮い立たせる
13	不可小觑	bùkěxiǎoqù	あなどれない

选择正确答案

(1) 山东如意是中国什么行业最具竞争力的10强企业？　　　　　　　　　　　　　（　）
　　A. 房地产　　　　　　　　　　　　B. 纤维
　　C. 毛纺织　　　　　　　　　　　　D. 牛仔布

(2) 近年来，中国制造商正通过什么方式进入行业的"高利润区"？　　　　　　　　（　）
　　A. 收购知名品牌　　　　　　　　　B. 控制公司股权
　　C. 进行品牌创新　　　　　　　　　D. 扩大产品销路

(3) 山东如意将持有声望株式会社多少股权，从而成为该公司的第一大股东？　　　（　）
　　A. 4.135%　　　　　　　　　　　　B. 41.53%
　　C. 4.315%　　　　　　　　　　　　D. 4.351%

(4) 下面哪个是声望株式会社需要找伙伴的原因？　　　　　　　　　　　　　　　（　）
　　A. 资金　　　　　　　　　　　　　B. 创新
　　C. 多元化　　　　　　　　　　　　D. 技术

(5) 哪国的资本已成为世界产业界不可小觑的新力量？　　　　　　　　　　　　　（　）
　　A. 美国　　　　　　　　　　　　　B. 日本
　　C. 韩国　　　　　　　　　　　　　D. 中国

2. 三一收购德国"大象"　🎧 03-02

关键词语

1	历来	lìlái	これまで
2	充当	chōngdāng	担当する、務める
3	起步	qǐbù	スタートする
4	风水轮流转	fēngshuǐlúnliúzhuàn	浮き世は回り持ち
5	日不落产业	rìbúluò chǎnyè	太陽の沈まない産業（衰退することがない産業の比喩）
6	衰落	shuāiluò	衰退する

（续表）

7	饱和	bǎohé	飽和状態になる、満杯になる
8	极具潜力	jíjù qiánlì	きわめて潜在力を持つ
9	前三甲	qiánsānjiǎ	ベスト・スリー
10	绝对	juéduì	絶対に
11	合适	héshì	適切である
12	完美	wánměi	完璧な

选择正确答案

(1) 德国"大象"是一家什么样的企业？　　　　　　　　　　　　　　　　　　　　（　　）
　　A. 生产混凝土的企业　　　　　　　　B. 生产机械的企业
　　C. 生产风水轮的企业　　　　　　　　D. 生产跑步机的企业

(2) "30年河东，30年河西"是什么意思？　　　　　　　　　　　　　　　　　　　（　　）
　　A. 距离之远　　　　　　　　　　　　B. 变化之大
　　C. 河水之广　　　　　　　　　　　　D. 时间之长

(3) 谁是文中所说的徒弟呢？　　　　　　　　　　　　　　　　　　　　　　　　（　　）
　　A. 三一机械　　　　　　　　　　　　B. 德国"大象"
　　C. 德国混凝土机械公司　　　　　　　D. 日不落集团

(4) 三一收购德国"大象"的意义主要是什么？　　　　　　　　　　　　　　　　　（　　）
　　A. 显示了巨大的潜力　　　　　　　　B. 证明风水会轮流转
　　C. 得到了机械制造的品牌　　　　　　D. 成功迈入国际化

(5) 作者认为三一收购德国"大象"的结果如何？　　　　　　　　　　　　　　　　（　　）
　　A. 一次完美的收购　　　　　　　　　B. 成功但不完美
　　C. 完美但时机不成熟　　　　　　　　D. 不太成功的收购

二、扩展阅读

1. 中国公司加速并购日本企业[①]

　　据美国《华尔街日报》7月6日报道，中信集团下属的关联私募股权公司中信资本将斥资6,550万美元（约合44亿元人民币），收购总部位于东京、负债累累的重型包装公司特耐王集团。国际投行数据供应商Dealogic最新统计数据表明，到目前为止，中国公司已经与日本公司签订了18份合约，交易总价值高达5,460万美元（约合37亿元人民币）。银行家称，尽管这些交易还很小，但却正

---
① 杨柳. 中国公司加速并购日本企业. 国际在线专稿，2010-07-06

在高速增长。分析家称，中国公司正以比以往更快的步伐并购日本公司，这在日本引发了焦虑，同时也创造了机遇。

相对于担忧经济二次探底的美国和深陷债务危机的欧洲来说，中国市场开始成为一个更具吸引力的地方。如果一家中方企业能够帮助日本人向其国内出售产品，那么让中国人拥有这家企业也并非不可接受。中国是日本最大的贸易伙伴，而日本民主党上台后也在致力于改善两国之间的紧张关系。

一位知情人士说，中信资本正在收购特耐王的交易将于本月晚些时候完成。2010年其他交易还包括：中国纺织企业山东如意集团以4,400万美元（约合27亿元人民币）收购日本服饰生产商Renown Inc. 41%的股份；中资马林控股公司收购高尔夫俱乐部产品制造及零售商Honma Golf Co.的大部分股份。2009年，电子产品零售商苏宁电器股份有限公司购买了日本电器零售企业Laox Co. 27%的股份。虽然这3家公司规模较小，但在日本却是名声响亮。

银行家们说，中国公司目前尤其看重科技、品牌及全球分销渠道。花旗集团亚太区并购负责人科林·班菲尔德说："中国公司对日本很感兴趣，显然对日本公司的优良品质给予认同与钦佩，特别是处于行业领先地位的生产技术。但中国公司也不会因地理位置上邻近日本和游资充沛而大把花钱。"

关键词语

1	斥资	chìzī	費用を出す
2	负债累累	fùzhàiléiléi	巨額の負債を抱えた
3	投行	tóuháng	投資銀行
4	数据	shùjù	データ
5	交易	jiāoyì	取引
6	步伐	bùfá	歩調、ペース
7	焦虑	jiāolǜ	焦慮する
8	深陷	shēnxiàn	深くはまる
9	债务危机	zhàiwù wēijī	債務危機
10	贸易	màoyì	貿易
11	零售商	língshòushāng	小売商
12	尤其	yóuqí	特に
13	钦佩	qīnpèi	敬服する
14	游资	yóuzī	遊休資本
15	充沛	chōngpèi	満ちあふれている

问题

(1) 从文中哪里可以看出"中国公司正以比以往更快的步伐并购日本公司"？

(2) 2010年，除了中信资本收购特耐王的交易，还有哪些交易？

(3) 目前，中国公司主要看重什么？

(4) 为什么花旗集团亚太区并购负责人科林·班菲尔德说："中国公司对日本很感兴趣"？

2. 日本媒体：中国将买下日本？①

自2009年以来，中国企业对日本的资产收购突然进入了快速增长阶段。其中，2010年5月，上海奔腾企业鱼尾狮以1亿美元（折合80多亿日元）的代价拿下重组再生中的日本高尔夫用品第一品牌Honma，创下了近几年中国企业收购日本企业金额的最高纪录。日本社会本来就对外资的进入戒备有加，对于来自中国这样一个发展中邻国的收购者更是高度敏感。有的日本媒体甚至使用了如下耸人听闻的标题"中国将买下日本"。

日本并购研究机构Recof Corp的数据显示，2007年至2009年间，中国企业参与了75起以日本企业为收购对象的并购，较之前3年增长了60%。其中，2009年相对2008年，数量几乎翻番；而仅2010年头7个月，中国公司的并购数量就达到22起。

事实上，中国"买下日本"之说，与20世纪80年代日本的"买下美国"不可同日而语。一方面，尽管今年中国企业并购日本企业数量猛增，却只占外资收购案总数的30%。另一方面，中国企业的并购对象基本上都是经营陷入困境的中小企业，像三菱、丰田、日立、索尼等日本的中坚型企业，中国企业均未有染指。

以生产纺织面料为主的如意集团，在中国的知名度并不大；此次收购金额也谈不上巨资，才40多亿日元，但日本主流媒体关注的是，这是中国企业第一次收购日本东京交易所主板上市公司，而且被收购对象是曾长期占据日本服装界第一位的品牌公司，在日本家喻户晓。

对日本舆论来说，"买下日本"之说，纯属反应过激；但对中国企业来说，通过并购或者合资进军日本，实现转型升级以及国际化经营的目标，显然已经形成一股新的潮流。

2004年，以联想、TCL并购欧美大型跨国公司为标志，中国企业国际化出现了第一轮高潮，虽至今方兴未艾，但坏消息也不少；如今，以阿里巴巴、山东如意进军日本市场为标志，中国企业国际化似乎正在形成第二轮热潮。

---

① 挥师日本. 中国证券，2010-09-22

必须承认的是，这轮收购也是中国企业向日本企业再次学习的过程。20世纪80年代起，中国企业特别是制造型企业曾普遍以日本为师，后来才以欧美为师。现在这一轮亲密接触，虽披上了"收购"外衣，但实则蕴含着中国企业欲借此转型、升级的深层诉求。

关键词语

1	代价	dàijià	代価
2	金额	jīn'é	金額
3	戒备有加	jièbèiyǒujiā	警戒する
4	敏感	mǐngǎn	敏感である
5	耸人听闻	sǒngréntīngwén	聞いた人間を驚かせる
6	翻番	fānfān	倍になる
7	不可同日而语	bùkětongrì'éryǔ	比べものにならない
8	中坚	zhōngjiān	中核
9	染指	rǎnzhǐ	(悪事に)手を出す
10	家喻户晓	jiāyùhùxiǎo	誰でも知っている
11	舆论	yúlùn	世論
12	转型	zhuǎnxíng	モデルチェンジする、転換する
13	方兴未艾	fāngxīngwèi'ài	盛り上がっている
14	蕴含	yùnhán	含む、包含する
15	诉求	sùqiú	願い

问题

(1) 文中说的有人认为"中国将买下日本"是什么意思？

(2) 为什么说"中国买下日本"之说与20世纪80年代"日本买下美国"不可同日而语？

(3) "中国买下日本"之说，对日本舆论和中国企业来说，分别意味着什么？

(4) 中国企业国际化出现了第一轮高潮、第二轮热潮分别以什么为标志？第二轮热潮的实质内涵是什么？

三、根据情景写一段话

1. 用"一路领先""联手""开创""先例"等词语谈谈上海电气并购日本秋山的情形。

2. 用"取得""吸收""接收""树立"等词语谈谈上海电气并购日本秋山后的技术优势。

3. 为什么目前所谓"中国买下日本"同20世纪80年代的"日本买下美国"不可同日而语？请使用"从""角度""相比较""因而"等词语。

4. 请用"风水轮流转""饱和""衰落"等词语描述某行业的兴衰变化。

四、调查任务

请你以"企业收购是机遇还是挑战"为课题，调查两个企业收购案例，分析一下收购的原因，收购面临的问题，以及收购带来的影响？

五、写作

在第四题的调查结果的基础上，写一段500字左右的短文，对课题"企业收购是机遇还是挑战"，谈一谈你的看法。

第4课

广汽丰田龙华世纪店的5S管理

课前热身

1. 什么叫4S店？什么叫5S店？
   4S店とは何ですか。5S店とは何ですか。

2. 5S管理的作用是什么？
   5S管理の役割とは何ですか。

3. 广汽丰田龙华世纪店是如何把5S管理原则用于产品的市场销售的？
   広汽豊田龍華世紀店は5S管理原則を市場での製品販売にどのように用いましたか。

第4课　广汽丰田龙华世纪店的5S管理

案例背景

　　4S店是一种汽车服务方式，包括整车销售（Sale）、零配件（Spare part）、售后服务（Service）、信息反馈（Survey）等，4S是指将4项功能集于一体的汽车服务企业，是4个英文单词的字头缩写。4S店是1999年以后才逐步由欧洲传入中国，由于它与各个厂家之间建立了紧密的产销关系，具有购物环境优美，品牌意识强等优势，一度被国内诸多厂家效仿。4S店一般采取一个品牌在一个地区分布一个或相对等距离的几个专卖店，并按照生产厂的店内外设计要求统一建造，投资巨大，豪华气派，环境舒适。5S管理是指整理（Seiri）、整顿（Seiton）、清扫（Seiso）、清洁（Seikeetsu）和素养（Shitsuke），通过规范现场、商品，营造一目了然的工作环境，培养员工良好的工作习惯、态度，最终提高员工的品质，养成良好的工作习惯。

案例正文[①]

广汽丰田是中日合资企业，众多的日本成熟管理模式，融汇在企业的运作中。广汽丰田龙华世纪店就是一直坚持着5S管理，做到整理（Seiri）、整顿（Seiton）、清扫（Seiso）、清洁（Seikeetsu）和素养（Shit-suke），提高工作效率，增加工作效能。5S管理对于塑造企业的形象、降低成本、准时交货、安全生产、高度的标准化、创造令人心旷神怡的工作场所、现场改善等方面发挥了巨大作用，为企业的发展奠定了基础。

在广汽丰田龙华世纪店，无论是哪个角落，卫生工作都是细致到位的；无论是哪张办公桌，文件都是井然有序的。5S管理制度要求每个员工都需要时时整理物件，寻找及抽取一个物件的时间不超过30秒，公共卫生区域，谁都有责任时时清扫。广汽丰田龙华世纪店的员工们成了拥有高度集体荣誉感的团体，所以无论什么时候，店内都是一尘不染的。

新员工往往不理解5S管理到底能为企业带来什么经济效益，有个别员工一开始无法适应5S管理方法的实施，但是他们马上就发现，无论他们怎么努力，工作效率就是比其他同事低下，出现了事倍功半的情况。

5S管理正是通过平时习惯的积累，而达到对工作环境熟悉，对工作流程熟练的效果，大大提升了工作的效率、效能。

广汽丰田龙华世纪店还将5S管理法熟练运用到了市场管理、客户管理、产品管理、营销代表管理上，时时对市场进行梳理，将各级市场分为"已开发"和"未开发"，然后再将"已开发"与"未开发"继续分类，直至将重点市场分解出来。如此的管理方法不但可以避免因信息过时而导致重复工作，浪费人力物力却得不到效益的情况出现，而且将市场细分后，根据二八法则进行重点突破，所以广汽丰田龙华世纪店的销售总能占据市场翘楚位置。

正因为广汽丰田龙华世纪店施行了5S管理，减少了不必要的步骤后，每一个流程所花费的时间都能精确预算，所以他们的客户总能得到最及时与明确的信息反馈。对消费者来说，这样的服务是最希望看到的。

[①] 广汽丰田的5S单效管理.设备管理大视野，2011-10-18

生词

序号	词语	拼音	词性	日语翻译
1	反馈	fǎnkuì	動詞	フィードバックする、戻って来る
2	合资	hézī	動詞	合弁する
3	模式	móshì	名詞	モデル
4	融汇	rónghuì	動詞	融け込む
5	运作	yùnzuò	動詞	運営する
6	坚持	jiānchí	動詞	堅持する、やり抜く
7	效能	xiàonéng	名詞	効果、パフォーマンス
8	塑造	sùzào	動詞	形作る
9	交货	jiāohuò	動詞	商品を引き渡す
10	标准化	biāozhǔnhuà	動詞	標準化する
11	心旷神怡	xīnkuàngshényí	成語	すがすがしい
12	奠定	diàndìng	動詞	打ち立てる、築く
13	到位	dàowèi	形容詞	一定のレベルに達している
14	时时	shíshí	副詞	常に
15	井然有序	jǐngrányǒuxù	成語	整然として秩序立っている
16	荣誉感	róngyùgǎn	名詞	誇らしい気持ち、誇り
17	一尘不染	yìchénbùrǎn	成語	ちり一つなく清潔である
18	适应	shìyìng	動詞	適応する
19	事倍功半	shìbèigōngbàn	成語	労力が大きくて効果が少ない
20	流程	liúchéng	名詞	プロセス
21	提升	tíshēng	動詞	引き上げる、向上させる
22	梳理	shūlǐ	動詞	考えを整理する
23	已开发	yǐkāifā	形容詞	すでに開発されている
24	未开发	wèikāifā	形容詞	まだ開発されていない
25	占据	zhànjù	動詞	占める
26	翘楚	qiáochǔ	形容詞	抜きん出て優れた、傑出した
27	施行	shīxíng	動詞	実施する、行う

（续表）

序号	词语	拼音	词性	日语翻译
28	精确	jīngquè	形容词	精確な
29	预算	yùsuàn	名词/动词	予算、予算を立てる

专有名词

词语	拼音	日语翻译
广汽丰田	Guǎngqì Fēngtián	(社名)広汽トヨタ自動車有限会社

案例分析与讨论

一、案例分析

1. 广汽丰田龙华世纪店的5S管理法具体是怎么样的？它又是如何运行以及取得了哪些成绩？

2. 现在有很多流行的"6S""7S""8S"管理法，那么在你看来，广汽丰田龙华世纪店的5S管理法为什么会成功？

3. 如果你是广汽丰田龙华世纪店的员工，你会认可5S管理法吗？对此，你有什么看法？

二、情景会话

将全班同学分成A、B、C三组分别担任4S店、5S店、6S店的员工，说说各自的管理有什么特点？

语言技能练习

一、回答问题

1. 请简单说说广汽丰田龙华世纪店的5S管理方法？
2. 为什么个别新员工做事会出现事倍功半的情况？
3. 广汽丰田龙华世纪店的销售为什么总能占据市场翘楚位置？
4. 对消费者来说，什么样的服务是最希望看到的？

二、选择正确答案

1. 5S管理方法实施的作用是什么？　　　　　　　　　　　　　　　　（　　）
　　A. 提高工作效率、效能　　　　　　B. 工作效率事倍功半
　　C. 积累平时的习惯　　　　　　　　D. 熟悉工作环境

2. 广汽丰田的企业性质（xìngzhì 性質）是什么？　　　　　　　　　　　　（　　）
   A. 中美合资企业　　　　　　　　　　B. 日本企业
   C. 中日合资企业　　　　　　　　　　D. 中国企业

3. 广汽丰田龙华世纪店要求员工抽取文件的时间不超过多长时间？　　　（　　）
   A. 30秒　　　　　　　　　　　　　　B. 50秒
   C. 5秒　　　　　　　　　　　　　　 D. 20秒

4. 广汽丰田龙华世纪店对市场进行梳理的步骤是什么？　　　　　　　　（　　）
   A. 进行重点突破；继续分类；分解出重点市场
   B. 分为"已开发"和"未开发"；继续分类；分解出重点市场
   C. 进行重点突破；分为"已开发"和"未开发"；分解出重点市场
   D. 分解出重点市场；继续分类；进行重点突破

5. 时时对市场进行处理，可以避免什么样的情况出现？　　　　　　　　（　　）
   A. 信息过多　　　　　　　　　　　　B. 效率效能的提升
   C. 市场分解步骤太多　　　　　　　　D. 人力物力资源的浪费

6. "占据市场翘楚位置"指的什么意思？　　　　　　　　　　　　　　　（　　）
   A. 占据市场地势高的地方　　　　　　B. 占据市场第一的位置
   C. 占据市场次要地位　　　　　　　　D. 占据市场开发地位

三、选词填空

① 合资　　② 融汇　　③ 翘楚　　④ 反馈　　⑤ 施行
⑥ 占据　　⑦ 流程　　⑧ 提升　　⑨ 井然有序　　⑩ 事倍功半

1. 公司新制度的_____得到了员工们的肯定。
2. 上海电气成功收购日本秋山，成立（chénglì 創立する）了中日_____性质的秋天国际株式会社。
3. 新进来的员工小王工作效率不高，总是_____。
4. 作为房地产行业中的_____，A公司每年的销售额都是一路领先的。
5. 公司的生产技术部有一套完整严格的生产_____。
6. 由于员工们的共同努力，无论什么时候走进办公室，这里都是_____。
7. 把普及文化知识_____到人们的文化生活中。
8. 对于客户的要求，我们应当及时_____，妥善处理。
9. 据统计，今年A公司的电子产品_____市场份额一半以上。
10. 董事长在会议上强调，员工们要时时注意_____自己的专业技能。

四、用所给句型完成句子

1. 根据

   例 将市场细分后，<u>根据</u>二八法则进行重点突破，所以广汽丰田龙华世纪店的销售总能占据市场翘楚位置。

   (1) 会议结束以后，_____，市场部重新修改了产品的广告。
   (2) _____，我们公司今年的销售额达到历史最高点。

2. 对……来说

   例 <u>对</u>消费者<u>来说</u>，这样的服务是最希望看到的。

   (1) _____，董事长的表扬是对他工作最好的肯定。
   (2) _____，明白了5S管理法，工作效率就会事半功倍。

3. 无论……就是……

   例 <u>无论</u>他们怎么努力，工作效率<u>就是</u>比其他同事低下。

   (1) _____，学习成绩就是没有多大提高。
   (2) _____，他就是不肯跟爸爸回家。

五、用所给句型改写句子

1. 无论……都……

   例 广汽丰田龙华世纪店的员工们成了拥有高度集体荣誉感的团体，所以<u>无论</u>什么时候，店内<u>都</u>是一尘不染的。

   (1) 小李是技术部最认真的员工，不管天气怎么样，她总是第一个到公司。
   _____。
   (2) 公司采取了许多措施（cuòshī 措置、对策），还是没有解决这个问题。
   _____。

2. 正因为……所以……

   例 <u>正因为</u>广汽丰田龙华世纪店施行了5S管理，减少了不必要的步骤后，每一个流程所花费的时间都能精确预算，<u>所以</u>他们的客户总能得到最及时与明确的信息反馈。

   (1) A公司给了B公司很多帮助，才使得A公司取得了这次的竞标。
   _____。
   (2) 所有员工都有着高度的荣誉感和团体感，我们公司顺利度过困难。
   _____。

巩固与扩展

一、听力理解

1. 松下电器公司的管理经验：优化价值观 🎧 04-01

关键词语

1	优化	yōuhuà	最適化する、高度化する
2	价值观	jiàzhíguān	価値観
3	无为而治	wúwéi'érzhì	人に干渉を加えないでその才能・知恵を発揮させる
4	纪律	jìlǜ	規律
5	深谙	shēn'àn	精通している
6	引导	yǐndǎo	導く
7	信条	xìntiáo	信条
8	遵奉	zūnfèng	遵奉する、従い守る
9	灌输	guànshū	注ぎ込む
10	饶恕	ráoshù	許す
11	背离	bèilí	背く、反する
12	至高无上	zhìgāowúshàng	比べるものがないほど高い
13	滋生	zīshēng	生み増やす
14	源源不断	yuányuánbúduàn	次々と途切れることがない
15	干劲	gànjìn	意気込み、意欲

选择正确答案

(1) 管理的最高境界是"无为而治"，下面哪个不符合"无为而治"的意思？　　　　　　　　(　　)
　　A. 对员工内在控制　　　　　　　　　　B. 改善员工精神状态
　　C. 对员工强加管制　　　　　　　　　　D. 优化员工的价值观

(2) 什么是松下幸之助及其公司获得成功的重要因素？　　　　　　　　　　　　　　　　(　　)
　　A. 松下精神　　　　　　　　　　　　　B. 创新能力
　　C. 员工热情　　　　　　　　　　　　　D. 产品质量

(3) 下面哪个不属于松下幸之助规定的企业原则？　　　　　　　　　　　　　　　　　　(　　)
　　A. 认识企业家的责任，鼓励进步　　　　B. 致力于世界文化的进一步发展
　　C. 促进全社会的福利　　　　　　　　　D. 改革技术，扩大企业影响力

(4) 每天什么时间，松下电器公司遍布日本的87,000名员工都背诵公司的价值观，放声高唱公司之歌？　　　　　　　　　　　　　　　　　　　　　　　　　　　　　　　　　　（　　）
　　A. 上午8点　　　　　　　　　　　　　　B. 上午9点
　　C. 下午5点　　　　　　　　　　　　　　D. 下午6点

(5) 当你背离松下电器公司的原则时一定会发生什么情况？　　　　　　　　　（　　）
　　A. 饶恕　　　　　　　　　　　　　　　B. 严厉批评
　　C. 解雇　　　　　　　　　　　　　　　D. 扣工资

2. 建立4S店的现代企业人力资源管理机制　🎧 04-02

关键词语

1	有的放矢	yǒudìfàngshǐ	目標を定めてから事を行う
2	渐进	jiànjìn	漸進する
3	一朝一夕	yìzhāoyìxī	一朝一夕、短時間
4	定位	dìngwèi	位置づける
5	空降	kōngjiàng	パラシュートで降下させる、降下
6	忠诚	zhōngchéng	忠実である
7	策划	cèhuà	計画する
8	整合	zhěnghé	整理再編する
9	薪酬	xīnchóu	給与、報酬
10	兼顾	jiān'gù	同時に各方面に気を配る
11	激励	jīlì	インセンティブ
12	有效	yǒuxiào	有効である

选择正确答案

(1) 文中"有的放矢"是什么意思？　　　　　　　　　　　　　　　　　　　　（　　）
　　A. 培养人才的目的明确　　　　　　　　B. 制定明确的销售指标
　　C. 提高产品质量　　　　　　　　　　　D. 有意吸引客户

(2) 从文中可知，企业文化的塑造是怎样一个过程？　　　　　　　　　　　　（　　）
　　A. 可以在短期内完成　　　　　　　　　B. 是一朝一夕的事
　　C. 是一个渐进的过程　　　　　　　　　D. 长期内也很难实现

(3) 作者认为和外来员工相比，对本土员工应持什么态度？　　　　　　　　　（　　）
　　A. 无所谓的态度　　　　　　　　　　　B. 更加重视对本土员工的培养
　　C. 对外来员工的重视甚于本土员工　　　D. 同样重视

(4) 文中认为应如何宣传企业的品牌形象？　　　　　　　　　　　　　　　　（　　）
　　A. 专题宣传　　　　　　　　　　　　B. 在销售产品的过程中宣传
　　C. 在加强企业文化建设时宣传　　　　D. 在制定薪酬机制时宣传

(5) 系统、科学的薪酬机制具有哪些特点？（可多选）　　　　　　　　　　　（　　）
　　A. 激励性　　　　　　　　　　　　　B. 随意性
　　C. 固定性　　　　　　　　　　　　　D. 临时性

二、扩展阅读

1. 从丰田召回事件看大企业文化[①]

自1月28日起，丰田因自动系统问题、脚踏板问题、脚垫滑动问题已在美国、欧洲和亚洲召回总量超过800万辆汽车。这一事件将丰田推到了风口浪尖。企业文化一直被视作日本企业快速发展的核心推动力，是所有日企引以为傲的企业核心竞争力。通过建立优秀的企业文化，使得企业员工充分发挥个人的积极性和创造性，从而推动企业快速发展，永葆生机。召回事件折射出丰田两大文化矛盾：速度和文化传承的矛盾；集权式管理文化与规模的矛盾。

（1）速度和文化传承的矛盾

企业文化的优势不仅仅在于外塑形象、内增凝聚，其还有一个最最宝贵的特质，那就是融合。一旦企业形成了优秀的企业文化，企业新陈代谢过程中加入的新鲜血液会不断地接受、适应，并最终融合在文化当中，使企业的优秀作风、好的工作方式、良好的工作心态得以传承。这也是文化永葆企业基业长青的秘密所在。然而文化也不是无所不能的，当企业的发展速度超过了文化的承载能力，就会引导文化发生潜移默化的转变，这种转变往往很难令人察觉，而一旦发生质变却又破坏力惊人。

丰田文化恰恰经历了如此的转变。在丰田的海外扩张战略中，速度被放在了首位。2002年，社长张富士夫要求丰田在2010年占据世界汽车市场15%的份额，而当时的这一指标只有10.7%左右。此时丰田的产品设计周期达到令福特和通用望尘莫及的24个月，甚至"Ipsum"多用途汽车从宣布研发到投放市场仅用了15个月。

（2）集权式管理文化与规模的矛盾

一直以来，丰田根据国别不同、车系不同采取了独立的管理模式，但这并没有脱离以丰田总社为中心的一体化管理和单一文化的束缚。这种管理体系曾是丰田文化的有力保障，但是随着公司规模不断增大，企业面对的市场环境不

[①] 贾宏海. 从丰田召回事件看大企业文化. 致信网，2011-03-31

断改变，曾经的管理模式已经不再能支撑丰田这个庞然大物，它需要更为灵敏的市场反馈渠道，更为高效的分权模式，更为灵活和多元化的文化作为企业发展的支撑平台。要解决这一矛盾，我们应该以简易的思想管理大规模的集团式企业，通过把握事物发展的根本规律，抓住管理的重点和关键点，化繁为简，以效率和效果为导向，追求用最简洁、有效的方式解决复杂的管理问题，最大限度减少无谓的时间、人力和物力资源的浪费。

关键词语

1	召回	zhàohuí	リコールする
2	风口浪尖	fēngkǒu làngjiān	批判の矢面
3	引以为傲	yǐnyǐwéi'ào	誇りとする
4	永葆生机	yǒngbǎo shēngjī	活力を永遠に保つ
5	集权	jíquán	（中央）集権
6	凝聚	níngjù	恐縮する
7	新陈代谢	xīnchéndàixiè	新陳代謝
8	承载能力	chéngzài nénglì	積載能力
9	潜移默化	qiányímòhuà	知らず知らずのうちに感化される
10	质变	zhìbiàn	質的変化
11	望尘莫及	wàngchénmòjí	足元にも及ばない
12	束缚	shùfù	束縛、拘束
13	庞然大物	pángrándàwù	非常に巨大なもの
14	化繁为简	huàfánwéijiǎn	複雑で困難なことを簡単で容易なものに変える

问题

(1) 什么事件将丰田推到了风口浪尖？这一事件折射出丰田什么文化矛盾？

(2) "这也是文化永葆企业基业长青的秘密所在。"的意思是什么？

(3) 面对丰田集权式管理文化与规模的矛盾，我们应该如何解决？

2. 佳能（中国）信奉"评价"的绩效文化①

如何让有热情、有能力的优秀人才为企业效力？佳能（中国）特别重视评价的作用。评价是指企业领导对员工的工作绩效能作出正确的判断。为金钱而来的人是不会真心爱上工作的，一个有热情、有方法的企业领导，把自己当成一把尺子，能很自然地评价出员工是否真的发自内心意愿把工作做好，让自己感受到工作的乐趣。

"我们现在的工作应该是能让人们生活得更好，让工作的每一个人在工作中能有一种满足感，觉得我们在为社会做贡献。"铃木敬二说，佳能（中国）非常看重公司的热情与士气，中国本土化在一步步实施，但惟一不能变的是这种积极进取的热情与士气。

现任佳能（中国）公司总裁小泽秀树一向信奉"你拥有激情，就可以解决你遇到的任何问题"。在他上任后，把周一定为公司内部的"激情日"，这一天员工都要穿红色衣服，以提醒自己应该精神饱满地开始一周的工作。每天，每个部门会轮流到其他部门打招呼，说"你好"，这个活动就叫做"你好"活动。

除此之外，绩效管理体系中还植入了定量和定性两种考核指标，李钧将其比喻为"软硬兼施"。"软"指的是员工的基本素养，基于对员工职业素养、品质道德层面的评价，这部分目标达成取决于人的情商（EQ）；"硬"指的是工作结果，即实实在在的目标，它的完成主要取决于员工的智商（IQ）。李钧说："我们通常认为IQ是不可变的，而EQ是可以后天培养的。所以说如果一个人的EQ比IQ高很多的话，未必会认为这个人最后的考核指标不好。这也是佳能（中国）很注重的。"

铃木敬二说："我们更强调长远的培养而不是短期的利润，稳健和灵活是佳能公司人力资源管理的特点，现在来看，这一套绩效管理体系很适合佳能（中国），欧美一些优秀的公司在导入这套体系后很成功。当然，如果有更好的我们也乐于随时为之做出改变。"

关键词语

1	信奉	xìnfèng	遵奉する
2	评价	píngjià	評価する
3	绩效	jìxiào	実績
4	效力	xiàolì	尽力する

---

① 本文行家.佳能中国如何进行高绩效管理.互动百科，2012-08-14

（续表）

5	士气	shìqì	士気
6	本土化	běntǔhuà	現地化
7	轮流	lúnliú	順番にする
8	定量	dìngliàng	一定量を定める
9	定性	dìngxìng	性質を決める
10	考核	kǎohé	考課
11	指标	zhǐbiāo	指標
12	软硬兼施	ruǎnyìngjiānshī	硬軟両様の手を使う
13	稳健	wěnjiàn	穏健である、手堅い

问题

(1) 佳能（中国）在"如何让有热情、有能力的优秀人才为企业效力"这方面特别重视什么的作用？请具体解释。

(2) 现任佳能（中国）公司总裁小泽秀树一向信奉什么？为此，他采取了哪些行动？

(3) 在佳能（中国）绩效管理体系中的"软硬兼施"是用来比喻什么的？如何理解"软硬兼施"？

三、根据情景写一段话

1. 用"坚持""做到""提高""增加"等词语说说5S管理原则的具体内容。

2. 为什么说管理的最高境界是"无为而治"？请用"激发""热情""控制""效果""全身心"等词语加以说明。

3. 为什么"相比起外来引进人员，自己培养起来的员工更重要？"请用"对""有感情""空降员工""忠诚"等词语加以说明。

4. 佳能（中国）为什么把周一定为公司内部的"激情日？"请用穿红色衣服和说"你好"的问候语来进一步加以说明。

四、调查任务

请分别调查一个经营成功的企业和一个经营失败的企业，并简单分析下面的问题。

(1) 两家企业在发展过程中分别是如何进行管理的？

(2) 企业成功和企业失败的最主要原因是什么？

五、写作

如果广汽丰田为扩大市场，想再开一家分店，公司聘请你作为分店的负责人，请就你将如何管理这家分店，谈谈你的看法。

第5课

佳能公司于细微之处谋幸福

课前热身

1. **什么是职场的幸福感?**
   職場における幸福感とは何ですか。

2. **什么叫于"细微之处谋幸福"?**
   細部にまで幸福を求めるとはどんなことを指しますか。

3. **佳能产品是如何实现"中国定制"的?**
   キヤノンの製品はどのようにして「中国仕様」を実現したのですか。

图片来源:http://image.baidu.com/i?ct=503316480&z=0&tn=baiduimagedetail&ipn=d&word=佳能%20上海

案例背景

2012年2月的《人力资本管理》杂志专访了佳能(中国)上海分公司人力资源总监兼总务部高级经理荣奕文女士,聊到"于细微之处谋幸福";不谋而合的是,本月的《哈佛商业评论》更是以封面刊登"幸福"话题。

案例正文[①]

在企业中，员工的幸福是可以与绩效达到完美的平衡并共同前进，这可能是企业发展的理想形态，也是人类社会进步的理想形态，然而要达成这一目标似乎并不容易，让我们看看这位屡获殊荣的荣经理如何在佳能传播幸福的。

1. 如何让员工感受到职场的幸福感？

荣奕文：在销售型公司，很多领导往往只关心销售数字。我们建立了一套面谈机制，引导经理去关注、指导员工，改掉以往让新员工自学成才的做法，因为从人力资源的角度来看，评价一个员工是否优秀仅凭销售结果是不够的。

2. 销售人员承担着巨大压力，佳能如何激励与保留他们？

荣奕文：激励与保留员工需要从细节入手，周一是公司的"激情日"，这一天员工都要穿红色的衣服，以提醒自己应该精神饱满地开始一周的工作。周三是"快乐星期三"，我们鼓励员工在这一天下班之后放下工作把时间留给家人、朋友或到公司提供的健身场所放松身心。每一位新员工入职，我们都会递上一个大礼包，提供所需用具和欢迎辞，并且送上一条佳能的丝巾拍照合影，大大增加了员工的归属感。

3. 佳能此前经历了一次合并，作为人力资源人员，如何帮助企业顺利合并？

荣奕文：企业合并后最大的问题还是人的问题。被合并公司的员工首先是拒绝心态。处理此事，我不能仅仅扮演人力资源部门的角色去开展，而是更全面地去进行。涉及到非我职能范围之内的，往往需要我把不知道的变成知道的，才能传递给这个公司。合并的顺利完成不仅只有前期的投入，合并之后的跟踪也至关重要。

4. 作为一家快速发展的企业，您的工作还面临哪些挑战？如何及时响应企业需求？

荣奕文：佳能的发展非常迅速，人员调动也非常频繁。我们在妥善安排人员调动背后涉及的问题的同时，速度、准确性、人性化都要兼顾，确实非常难做。考虑细节，比如他们的福利计划、退休之后的生活等等，并且要一步到位。

5. 日企给人的印象是等级森严，在向上管理方面，您遇到过什么挑战？有何经验？

荣奕文：一定要勇于表达你的想法。一个真正有能力的老板不是要你应付他，而是希望你能够拿出你的意见和建议。我觉得我应该做的事情：一是了解

[①] 叶琼亚. 于细微之处谋幸福. 人力资源管理. HRoot, 2012（2）

他的问题；二是说出我的想法。佳能虽然是日企文化，严谨、认真，但外派到中国的高管拥有丰富的海外经验，管理理念比较开放。

生词

序号	词语	拼音	词性	日语翻译
1	细微	xìwēi	形容词	わずかな、かすかな
2	幸福	xìngfú	名詞	幸福
3	人力资源	rénlì zīyuán	名詞	人的資源
4	平衡	pínghéng	名詞	バランスがとれている
5	共同	gòngtóng	副詞	共に
6	前进	qiánjìn	動詞	前進する
7	理想形态	lǐxiǎng xíngtài	名詞	理想の状態
8	屡获殊荣	lǚhuò shūróng	動詞	何度も特別な栄誉を得る
9	传播	chuánbō	動詞	広める
10	职场	zhíchǎng	名詞	職場
11	幸福感	xìngfúgǎn	名詞	幸福感
12	一套	yítào	数量句	一連の
13	面谈机制	miàntán jīzhì	名詞	面接の仕組み
14	自学成才	zìxuéchéngcái	成語	独学で有能な人材となる
15	承担	chéngdān	動詞	担う、引き受ける
16	保留	bǎoliú	動詞	保存する
17	细节	xìjié	名詞	細部、細かい点
18	入手	rùshǒu	動詞	着手する、取りかかる
19	激情日	jīqíngrì	名詞	情熱の日
20	饱满	bǎomǎn	形容詞	元気旺盛である
21	健身场所	Jiànshēn chǎngsuǒ	名詞	身体を鍛える場所（スポーツジム・フィットネスクラブ）
22	放松	fàngsōng	動詞	リラックスする、緩める
23	身心	shēnxīn	名詞	心身

（续表）

序号	词语	拼音	词性	日语翻译
24	入职	rùzhí	動詞	入社する
25	归属感	guīshǔgǎn	名詞	帰属意識、帰属感
26	合并	hébìng	動詞	合併する
27	顺利	shùnlì	副詞	順調に
28	扮演	bànyǎn	動詞	役を演じる
29	角色	juésè	名詞	役
30	涉及	shèjí	動詞	かかわる、及ぶ
31	职能	zhínéng	名詞	職能
32	至关重要	zhìguān zhòngyào	形容詞	極めて重要である
33	面临	miànlín	動詞	直面する
34	挑战	tiǎozhàn	名詞	挑戦
35	响应	xiǎngyìng	動詞	呼応する
36	调动	diàodòng	動詞	異動する
37	频繁	pínfán	形容詞	頻繁である
38	一步到位	yíbùdàowèi	成語	一気に目標を達成する、一気に成功する
39	等级森严	děngjí sēnyán	名詞	序列が厳しい、階層差が厳しい
40	严谨	yánjǐn	形容詞	慎重である
41	外派	wàipài	動詞	他の職場や国外へ派遣する
42	高管	gāoguǎn	名詞	企業の経営幹部

专有名词

词语	拼音	日语翻译
佳能	Jiānéng	（社名）キヤノン

案例分析与讨论

一、案例分析

1. 案例是如何表现佳能的"于细微之处谋幸福"的？

2. 荣经理作为佳能的人力资源人员，她是怎么样处理和上司、员工之间的关系的？
3. 从佳能的企业文化中，你认为，一个企业要想让员工有幸福感，归属感，应该怎么做？
4. 如果你是一个公司的人力资源人员，你会怎么处理和上司、员工之间的关系？

二、情景会话

幸福可以是多种多样的，试分角色从工作、生活、学习等各方面来谈谈对幸福的认识。

语言技能练习

一、回答问题
1. 在销售型公司，很多领导往往只关心销售数字，佳能公司是否也是如此？他们是如何做的？
2. 为了减少员工的压力，佳能公司是怎么做的？
3. 为了提高员工的归属感，佳能公司是怎么做的？
4. 如果老板需要你的意见和建议，你将如何表达出自己的想法？

二、选择正确答案
1. 案例中的"这一目标"指的是什么？　　　　　　　　　　　　　　　　　（　　）
   A. 如何让员工更有幸福感　　　　　　　B. 如何让员工的幸福与绩效达到平衡
   C. 如何让员工更有归属感　　　　　　　D. 如何激励和保留员工

2. 员工穿红色的衣服，以提醒自己精神饱满地开始一周的工作，这一天叫做什么日？（　　）
   A. 健身日　　　　　　　　　　　　　　B. 激情日
   C. 快乐日　　　　　　　　　　　　　　D. 放松身心日

3. 一个顺利的合并是什么样的？　　　　　　　　　　　　　　　　　　　（　　）
   A. 只有前期的投入　　　　　　　　　　B. 有前期的投入，还有后期的跟踪
   C. 只有后期的跟踪　　　　　　　　　　D. 需要扮演人力资源的角色去解决

4. 佳能的员工调动和管理需要兼顾的方面不包括下列哪一项？　　　　　　（　　）
   A. 快速性　　　　　　　　　　　　　　B. 准确性
   C. 人性化　　　　　　　　　　　　　　D. 主观性

5. 佳能在海外的管理理念是怎样的？　　　　　　　　　　　　　　　　　（　　）
   A. 比较开放　　　　　　　　　　　　　B. 等级森严
   C. 严谨认真　　　　　　　　　　　　　D. 注重细节

6. 案例中的"一步到位"相当于什么意思？　　　　　　　　　　　　　　（　　）
   A. 问题一次性地迅速解决　　　　　　　B. 只解决众多问题中的一个问题
   C. 解决问题时兼顾各个方面　　　　　　D. 解决问题时注重细节

三、选词填空

| ① 幸福 | ② 身心 | ③ 往往 | ④ 合并 | ⑤ 利润 |
| ⑥ 海外 | ⑦ 福利 | ⑧ 归属感 | ⑨ 职能 | ⑩ 严谨 |

1. A公司今年的_____比去年上涨20%。
2. A公司为每位员工都准备生日蛋糕，大大增加了员工的_____。
3. 作为公司的人力资源部，是如何向员工传播_____的呢？
4. 通用电气的企业文化是非常_____认真的。
5. 李经理的_____是新进员工的指导和培训（péixùn トレーニング）。
6. 我们公司急需拥有_____经验丰富的高管。
7. 佳能公司给员工提供了许多_____，比如说，"快乐星期三"等。
8. 新进的员工_____会面临许多挑战。
9. 公司给员工提供健身场所，让他们的_____得到了放松。
10. A公司与B公司顺利_____了。

四、用所给句型完成句子

1. 从……角度来看

   例 我们建立了一套面谈机制，引导经理去关注、指导员工，改掉以往让新员工自学成才的做法，因为从人力资源的角度来看，评价一个员工是否优秀仅凭销售结果是不够的。

   (1) 会议上，部长提出了下半年的市场营销方案，但是_____，董事长没有同意这个方案。
   (2) _____，小李的销售业绩是本季最好的。

2. 涉及……之内

   例 涉及非我职能范围之内的，往往需要我把不知道的变成知道的，才能传递给这个公司。

   (1) _____，便不是我的职能了。
   (2) 作为公司的人力资源人员，_____，也需要时时掌握。

3. 每……都……并且……

   例 每一位新员工入职，我们都会递上一个大礼包，提供所需用具和欢迎辞，并且送上一条佳能的丝巾拍照合影，大大增加了员工归属感。

   (1) 每学期开学时都要进行入学教育，_____。
   (2) 每天妈妈都要给他准备好午饭，_____。

4. 比如……

   例 考虑细节，比如他们的福利计划、退休之后的生活等等，并且要一步到位。

   (1) 民间的节日，比如_____，现在都成了国家法定的节假日。
   (2) 淡水鱼，比如_____，都是上海百姓的家常菜。

五、用所给句型改写句子

1. 扮演……角色

   例 处理此事，我不能仅仅扮演人力资源部门的角色去开展，而是更全面地去进行。

   (1) 在公司，领导不仅仅是你的上司，还是你的老师，他教给你的也不仅是做事的方法，还有做人的态度。
   _____。

   (2) 这一次的经济危机，人力资源部门没有做好工作，使得危机更大更严重了。
   _____。

2. 不是……而是……

   例 一个真正有能力的老板不是要你应付他，而是希望你能够拿出你的意见和建议。

   (1) 面临艰难的困难时，你不应该逃避它，应该勇敢去战胜它。
   _____。

   (2) 等级森严不应该是一个公司的企业文化，佳能公司有许多海外的高管，管理理念还是比较开放的。
   _____。

巩固与扩展

一、听力理解

1. 伊那食品工业：如何守护幸福 🎧 05-01

关键词语

1	占有率	zhànyǒulù	占有率
2	原料	yuánliào	原料
3	凝固	nínggù	凝固する
4	下坡路	xiàpōlù	下降線、衰退
5	财报	cáibào	財務報告
6	勉强	miǎnqiǎng	無理強いする、無理にさせる
7	景气	jǐngqì	景気
8	盆栽	pénzāi	盆栽
9	年轮	niánlún	年輪
10	奇迹	qíjì	奇跡

（续表）

11	树敌	shùdí	敵を作る
12	经费	jīngfèi	経費
13	灌溉	guàn'gài	灌漑する
14	施肥	shīféi	施肥する、肥料を与える

选择正确答案

(1) 伊那食品工业以它惊人的业绩，连续多少年保持10%的营收增长和利润增长？（　）
　　A. 40年　　　　　　　　　　　　B. 48年
　　C. 50年　　　　　　　　　　　　D. 58年

(2) 伊那食品工业的经营是以什么为目标的？（　）
　　A. 员工的幸福　　　　　　　　　B. 公司的盈利
　　C. 员工的福利　　　　　　　　　D. 企业的成就

(3) 伊那食品工业的主张是什么？（　）
　　A. 创造一家优秀的公司　　　　　B. 创造寒天产业的世界第一
　　C. 创造一家好公司　　　　　　　D. 创造员工幸福感世界第一

(4) "伊那食品工业开发世界唯一的产品，致力于创造世界上不曾有过，或是其他公司做不出来的产品"，这体现了伊那食品工业的什么经营方针？（　）
　　A. 不勉强追求成长　　　　　　　B. 不树敌
　　C. 及时播下成长的种子　　　　　D. 灌溉施肥

(5) 对伊那食品工业来说，最重要的是什么？（　）
　　A. 提升业绩　　　　　　　　　　B. 获取利润
　　C. 快速成长　　　　　　　　　　D. 永续经营

2. 贝塔斯曼的体会　05-02

关键词语

1	展示	zhǎnshì	展示する、見せる
2	乍	zhà	ちょっと……したところ
3	并无二致	bìngwú'èrzhì	ほとんど同じ
4	体悟	tǐwù	体得する、悟る
5	良苦用心	liángkǔ yòngxīn	心配りが並々ならない
6	用心	yòngxīn	心配り、意図
7	中转	zhōngzhuǎn	積み換える、取り次ぎに回す

（续表）

8	归罪	guīzuì	罪をなすりつける
9	人为	rénwéi	人為的である
10	疏懒	shūlǎn	だらけている
11	捆扎	kǔnzā	梱包する
12	积满	jīmǎn	いっぱい積もっている
13	人性化	rénxìnghuà	人間味がある、人に優しい
14	模仿	mófǎng	模倣する
15	温馨	wēnxīn	温かい

选择正确答案

(1) 文中的"并无二致"是什么意思？　　　　　　　　　　　　　　　　　　（　　）
　　A. 没有两样东西　　　　　　　　　　B. 没有什么不同
　　C. 只有一个信封　　　　　　　　　　D. 只有一封信

(2) "中国邮政大客户专递209001"的字样有什么作用？　　　　　　　　　　（　　）
　　A. 标明了送达的地址
　　B. 标明了邮政编码
　　C. 在最短的时间内显示外地汇款信息
　　D. 在最短的时间内显示公司的地址

(3) "最后一米"是什么意思？　　　　　　　　　　　　　　　　　　　　　（　　）
　　A. 投寄的信件一般有一米长
　　B. 信件往往由于人为的疏懒在小区的传达室或门卫等处被滞留
　　C. 信箱往往被搁置在离家门口有一米远的地方
　　D. 由于家里没人，信件往往被放在家门口一米远的地方而遗失

(4) 把改退原因印刷在信封背面有什么好处？　　　　　　　　　　　　　　（　　）
　　A. 更加人性化　　　　　　　　　　　B. 投寄的有效率更高
　　C. 更加科学化　　　　　　　　　　　D. 投寄的成功率更高

(5) 透明塑料纸后面的温馨提示语的真正作用是什么？　　　　　　　　　　（　　）
　　A. 宣传贝塔斯曼书友会　　　　　　　B. 得到服务热线
　　C. 帮助更新地址　　　　　　　　　　D. 帮助邮寄资料

二、扩展阅读

1. 希尔顿："你今天对客人微笑了没有？"[①]

　　企业礼仪是企业的精神风貌。它包括企业的待客礼仪、经营作风、员工风度、环境布置风格以及内部的信息沟通方式等内容。企业礼仪往往会成为企业的传统与习俗，体现企业的经营理念。它赋予企业浓厚的人情味，对培育企业精神和塑造企业形象起着潜移默化的作用。

　　希尔顿十分注重员工的文明礼仪教育，倡导员工的微笑服务。他每天至少到一家希尔顿饭店与那里的服务人员接触，向各级人员（从总经理到服务员）问得最多的一句话就是："你今天对客人微笑了没有？"

　　1930年是美国经济萧条最严重的一年，全美国的饭店倒闭了80%，希尔顿饭店也一家接着一家地亏损不堪，一度负债达50万美元。希尔顿并不灰心，他召集每一家希尔顿饭店的员工向他们特别交待和呼吁："目前正值饭店亏空靠借债度日时期，我决定强渡难关。一旦美国经济恐慌时期过去，我们希尔顿饭店很快就能进入云开日出的局面。因此，我请各位记住，希尔顿饭店的礼仪万万不能忘。无论旅馆本身遭遇的困难如何，希尔顿饭店服务员脸上的微笑永远是属于顾客的。"事实上，在那纷纷倒闭后只剩下的20%的饭店中，只有希尔顿饭店服务员的微笑是美好的。经济萧条刚过，希尔顿饭店系统就领先进入了新的繁荣期，跨入了经营的黄金时代。希尔顿饭店紧接着充实了一批现代化设备。此时，希尔顿到每一家饭店召集全体员工开会时都要问："现在我们的旅馆已新添了第一流设备，你觉得还必须配合一些什么第一流的东西使客人更喜欢呢？"员工回答之后，希尔顿笑着摇头说："请你们想一想，如果旅馆里只有第一流的设备而没有第一流服务员的微笑，那些旅客会认为我们供应了他们全部最喜欢的东西吗？如果缺少服务员的美好微笑，正好比花园里失去了春天的太阳和春风。假如我是旅客，我宁愿住进虽然只有残旧地毯，却处处见到微笑的旅馆，也不愿走进只有一流设备而不见微笑的地方……"当希尔顿坐专机来到某国的希尔顿饭店视察时，服务人员就会立即想到一件事，那就是他们的老板可能随时会来到自己面前再问那句名言："你今天对客人微笑了没有？"

关键词语

| 1 | 礼仪 | lǐyí | 儀礼、礼儀 |
| 2 | 风貌 | fēngmào | 風格、スタイル |

[①] 中国红.希尔顿.你今天对客人微笑了没有.企业家信息，2007（12）

(续表)

3	风度	fēngdù	態度、人柄、風格
4	布置	bùzhì	配置する
5	习俗	xísú	習俗、風習
6	人情味	rénqíngwèi	人情味
7	注重	zhùzhòng	重視する
8	萧条	xiāotiáo	不景気である
9	倒闭	dǎobì	倒産する
10	亏损不堪	kuīsǔn bùkān	ひどく欠損を出す
11	亏空	kuīkong	赤字を出す、欠損する
12	云开日出	yúnkāirìchū	再び日光を見る
13	召集	zhàojí	召集する
14	视察	shìchá	視察する

问题

(1) 企业礼仪包括哪些内容？公司注重企业礼仪有什么作用？

(2) 希尔顿十分注重员工的文明礼仪教育，为此他倡导什么服务？他又是如何实践的？

(3) "1930年是美国经济萧条最严重的一年，希尔顿饭店也一家接着一家地亏损不堪，一度负债达50万美元。"，请简要介绍一下，面对这个困境，希尔顿是如何做的？

(4) 希尔顿说："如果缺少服务员的美好微笑，正好比花园里失去了春天的太阳和春风。"这句话是在什么背景下说出来的？

2. 格力空调：尊重劳动也是生产力[①]

这些年来，格力空调在快速发展壮大的同时，不断提高员工的福利待遇，更为员工提供了一个良好的发展平台。尊重劳动、尊重劳动力是格力空调留住员工的基本方针。格力空调从不担心每年春节后的"用工荒"，这里一线工人的流失情况并不严重，良好的福利待遇更让很多工人们争先恐后的"涌"向这里。

格力空调的成功不仅在于对科研的大量投入和对创新的重视，更重要的是这个公司懂得尊重劳动力，让"尊重"成为生产力。

---

① admin. 格力电器：尊重劳动也是"生产力". 格力中央空调，2012-01-06

在这里，一线员工的待遇超过了很多企业的白领；初中文化的农民工在这里成长成一流的技术工人；在制造业利润不断减少的今天，格力空调还坚持每年给员工提薪。一线工人说，这里从来不拖欠他们的工资，在这里工作很安心；刚入职的大学生说，这里给他们提供宿舍，生活区里还有很多体育、娱乐的设备，感觉就像在学校里一样；干了十多年的老员工说，公司领导就像他们的亲人一样，跟他们一起熬夜加班，还亲自去医院探望生病的员工……

企业发展与员工幸福相辅相成，格力空调的管理层深知这点。为此，他们通过技术创新、管理创新、营销创新，提升企业的内在价值，为员工的幸福保驾护航。而反过来，当企业赋予员工一个展示才华、以人为本、温情关爱的大环境时，员工也会尽力珍惜这样的机会，以心换心，以自强不息、忠诚勤奋进取的敬业精神致力于技术创新、管理创新、营销创新，推动企业蓬勃发展。

早在20世纪90年代，格力空调就开始为员工购买养老、医疗、失业、工伤、生育等保险，并提供丰富的员工福利，如免费上下班班车、免费午餐、住房公积金、住房补贴、节假日慰问金、中晚班津贴、工龄津贴、保健津贴、夏季高温津贴、特殊工种津贴、在职员工学历教育的费用报销和其他丰富的员工培训等。为进一步提高员工生活水平，体现公司对员工的关怀，公司在2010年度改革完善了原有的福利制度，提高津贴标准，员工满意度大幅度提升。

关键词语

1	生产力	shēngchǎnlì	生産力
2	待遇	dàiyù	待遇
3	方针	fāngzhēn	方針
4	用工荒	yònggōnghuāng	労働者不足
5	流失	liúshī	流出する
6	科研	kēyán	科学研究
7	白领	báilǐng	ホワイトカラー、事務労働者
8	拖欠	tuōqiàn	支払いを滞らせる
9	探望	tànwàng	見舞いに行く
10	相辅相成	xiāngfǔxiāngchéng	相互に補い合って作り上げる
11	护航	hùháng	支援する
12	赋予	fùyǔ	付与する
13	自强不息	zìqiángbùxī	自ら努力してやまない

（续表）

| 14 | 慰问金 | wèiwènjīn | 見舞金 |
| 15 | 津贴 | jīntiē | 手当 |

问题

(1) 为什么"格力空调从不担心每年春节后的'用工荒'"?

(2) 请举例说明格力空调是如何"尊重劳动力"的?并说明为什么格力空调能让"尊重"成为生产力?

(3) 为了提高员工生活水平，提升员工的满意度，格力空调是如何做的?

三、根据情景写一段话

1. 请用"人情味""潜移默化"说说企业礼仪的重要性。

2. 请用"尽管""然而""所以"等词语，说说希尔顿为什么在希尔顿饭店面临危机之时也强调对客人的微笑?

3. 企业发展与员工幸福相辅相成，试以格力空调为例，请用"一方面""另一方面""反过来"等词语加以说明。

4. 用"宁愿""却""也不"等表示强调的词语，说说希尔顿为什么说愿意住在处处见到微笑的旅馆，而不愿走进只有一流设备而不见微笑的地方?

四、调查任务

就下列项目进行实地调查，然后进行汇总和分析。

1. 你现在的月薪是多少?　　　　　　　　　　　　　　　　　　　　　　　（　　）[单选]
　A. 1,000元以下　　　　　　　　　　B. 1,000—3,000元
　C. 3,000—5,000元　　　　　　　　　D. 5,000—8,000元
　E. 8,000元以上

2. 作为员工，你现在拥有哪些福利?　　　　　　　　　　　　　　　　　　（　　）[多选]
　A. 养老、医疗等保险　　　　　　　　B. 住房公积金
　C. 丰富的员工培训　　　　　　　　　D. 节假日慰问金
　E. 免费午餐

3. 你对现在的薪水和福利满意吗?　　　　　　　　　　　　　　　　　　　（　　）[单选]
　A. 都满意　　　　　　　　　　　　　B. 薪水满意，福利不满意
　C. 薪水不满意，福利满意　　　　　　D. 都不满意

4. 你所在的公司，哪些地方让你感到不幸福?　　　　　　　　　　　　　　（　　）[多选]
　A. 薪水低　　　　　　　　　　　　　B. 工作压力大

C. 福利不好 D. 没有发展前景
E. 上司找员工麻烦 F. 公司人际关系不协调

5. 你觉得什么样的福利会提升你的幸福感？　　　　　　　　　（　　）[多选]
   A. 养老、医疗等保险 B. 住房公积金
   C. 丰富的员工培训 D. 节假日慰问金
   E. 免费午餐

6. 你觉得一个企业的什么会吸引你加入？　　　　　　　　　　（　　）[排序]
   A. 薪水高 B. 福利好
   C. 企业文化氛围好 D. 企业人际关系和谐
   E. 注重员工培训 F. 公平公正

五、写作

在第四题调查结果的基础上，假设你是公司的负责人，请围绕"如何提升员工的幸福感"这个话题，写一篇500字左右的短文。

第6课

神舟电脑在日本站稳脚跟

课前热身

1. **为什么日本电脑市场是一个比较特别的市场？**
   なぜ日本のパソコン市場は特殊な市場なのでしょう。

2. **Sistem Care 是如何与神舟电脑合作开发市场的？**
   システムケアはどのように神舟と協力し、市場を開拓したのでしょう。

3. **以你身边熟悉的事情为例，说说电脑市场发展变迁的情形。**
   身近な知っている例を挙げて、パソコン市場発展の推移を話してください。

图片来源：http://image.baidu.com/i?ct

第6课 神舟电脑在日本站稳脚跟

图片来源：http://image.baidu.com/i?ct

案例背景

尽管神舟电脑目前因为以发展物流平台公司全国代理商的销售模式广受业界批评，公司未来的发展也广受争议，但其在海外业务发展所取得的成绩还是值得大书一笔。继开发了南美、东南亚等新兴市场后，神舟电脑又将目标瞄准了邻近的日本，Sistem Care 成为其首家总经销，2010年第一季度，在日本市场的月销量已经达到5,000台以上，标志着神舟电脑进一步撬开了发达国家市场的大门。

案例正文

神舟电脑是从2006年开始进入海外市场的,经过一段时间的摸索和尝试之后,在2007年就开始实现快速增长,到2008年,神舟电脑的海外年销量已快速增长到50万台,实现了跨越式的发展。但神舟人并未就此沾沾自喜,因为他们很清楚地认识到自己的不足。首先,这样的销量放在全球市场上连1%的份额都不到。其次,这其中以神舟电脑自己的"Hasee"品牌出货的比例还不到一半。第三,神舟电脑的海外销量主要集中在南美、东南亚等新兴市场,发达地区较少,尤其是还未能进入美国和日本这两个重要市场。因此,神舟电脑又将目标瞄准了邻近的日本。

日本是一个很特别的市场,每年销售的1,300万台笔记本电脑中,日本的本土品牌占据了绝大多数的份额,因此神舟电脑对进入日本市场的艰难也有着充分的准备,将初期的目标放在了寻求在日本市场2%的占有率,并计划用3年时间来实现这一目标。经过一年的探索和尝试,神舟电脑成功地在日本市场建立起稳定的销售体系,同时产品品质也得到了客户的充分认可。

Sistem Care是神舟电脑在日本的首家总经销,该公司具有20年专业从事电脑维修和技术支持的历史,并具有IBM电脑再生的资质。近年来由于充分认识到二手笔记本电脑发展的局限,将其经营目标转向了品牌笔记本电脑的销售和服务。凭借丰富的专业经验和敏锐的市场洞察力,Sistem Care把视野渐渐锁定在了正在蓬勃发展中的神舟电脑,因为神舟电脑已经成长为世界上发展速度最快的笔记本电脑制造商,也是Intel、Microsoft在中国大陆的最大OEM合作伙伴。经过多次的交流和尝试,目标和文化的高度认可让两家公司顺利达成战略合作,在2010年第一季度,神舟笔记本电脑在日本市场的月销量已经达到5,000台以上。"我们有信心到2010年6月,每月销售8,000台;到2010年末每月销售12,000到20,000台笔记本。" Sistem Care社长家近茂在展望合作前景时信心十足。

凭借有着良好品质和有竞争力的产品,只要能够顺利打入日本市场,被日本消费者认可,相信神舟电脑自己的"Hasee"品牌在世界上任何一个地方都会信心十足。神舟电脑正在日本扬帆起航,希望更多中国品牌借着中国制造崛起的东风,顺利驶向广阔的海外市场。

---

① 王盼.中国品牌神舟电脑扬帆日本市场.中关村在线,2010-04-15

生词

序号	词语	拼音	词性	日语翻译
1	发展	fāzhǎn	動詞	発展する
2	新兴	xīnxīng	形容詞	新興の、新しく興った
3	目标	mùbiāo	名詞	目標
4	瞄准	miáozhǔn	動詞	ねらいを定める
5	首家	shǒujiā	名詞	最初の(会社)
6	总经销	zǒngjīngxiāo	名詞	総販売元、総輸入元
7	季度	jìdù	名詞	四半期
8	发达	fādá	形容詞	発展した、先進の
9	摸索	mōsuǒ	動詞	模索する、探る
10	尝试	chángshì	動詞	試す
11	实现	shíxiàn	動詞	実現する
12	跨越式	kuàyuèshì	副詞	飛躍的な
13	沾沾自喜	zhānzhānzìxǐ	成語	うぬぼれた
14	不足	bùzú	名詞	不足、足りないところ
15	比例	bǐlì	名詞	比率
16	集中	jízhōng	動詞	集中する
17	地区	dìqū	名詞	地区、地域
18	本土	běntǔ	形容詞	本土の、本国の
19	初期	chūqī	名詞	初期、初め
20	寻求	xúnqiú	動詞	追求する
21	建立	jiànlì	動詞	確立する、築く
22	稳定	wěndìng	形容詞	安定した
23	体系	tǐxì	名詞	体系、システム
24	品质	pǐnzhì	名詞	品質
25	充分	chōngfèn	形容詞	十分な
26	认可	rènkě	名詞/動詞	認可、賛同、認める
27	具有	jùyǒu	動詞	有している
28	历史	lìshǐ	名詞	歴史

（续表）

序号	词语	拼音	词性	日语翻译
29	二手	èrshǒu	形容詞	中古の
30	凭借	píngjiè	動詞	～を拠り所とする
31	洞察力	dòngchálì	名詞	洞察力
32	蓬勃发展	péngbó fāzhǎn	名詞	勢いよく発展する
33	制造商	zhìzàoshāng	名詞	メーカー
34	合作	hézuò	名詞/動詞	協力、協力する
35	社长	shèzhǎng	名詞	社長
36	展望	zhǎnwàng	動詞	展望する
37	前景	qiánjǐng	名詞	見通し
38	信心十足	xìnxīn shízú	形容詞	自信満々だ
39	竞争力	jìngzhēnglì	名詞	競争力
40	扬帆起航	yángfān qǐháng	名詞	出航
41	中国制造	Zhōngguó zhìzào	名詞	中国製の
42	崛起	juéqǐ	動詞	台頭する
43	东风	dōngfēng	名詞	成功への追い風

专有名词

序号	词语	拼音	日语翻译
1	神舟电脑	Shénzhōu Diànnǎo	（社名）神舟電脳(Hasee)
2	南美	Nánměi	南アメリカ
3	东南亚	Dōngnányà	東南アジア
4	中国大陆	Zhōngguó Dàlù	中国大陸

案例分析与讨论

一、案例分析

1. 神舟电脑是如何在日本市场上站稳脚跟的？

2. Sistem Care 把视野渐渐锁定在了正在蓬勃发展中的神舟电脑的原因是什么？

3. 如果你是神舟电脑的CEO，你会选择进入哪个国家的市场？你的依据是什么？

4. 神舟电脑是中国品牌进入日本市场的成功案例,那么,你还知道进入日本市场的其他品牌吗?它们又是怎么样的呢?

二、情景会话

分A、B角色分别担任神舟电脑和日本Sistem Care的CEO,协商在日本合作销售神舟电脑的相关事宜。

语言技能练习

一、回答问题

1. 请简单说说神舟电脑是如何进入日本市场的?

2. 神舟电脑取得了跨越式的发展,神舟人有没有觉得自己是最好的?如果没有,那么不足的是什么?

3. 为什么案例中说"日本是个很特别的市场"?

4. 为什么Sistem Care社长家近茂在展望合作前景时信心十足?

二、选择正确答案

1. 神舟电脑的海外销量主要集中的地方不包括下面哪个? ( )
   A. 发达地区　　　　　　　　　　B. 南美
   C. 新兴市场　　　　　　　　　　D. 东南亚

2. 神舟电脑将初期目标放在寻求日本市场2%的占有率的目的是什么? ( )
   A. 在日本市场建立起稳定的销售体系　　B. 寻求在日本市场2%的占有率
   C. 产品品质得到客户的充分认可　　　　D. 占据日本市场绝大多数的份额

3. 近年来由于充分认识到二手笔记本电脑发展的局限,Sistem Care经营目标转向什么方面? ( )
   A. 专业从事电脑维修　　　　　　B. 专业从事电脑技术支持
   C. 广阔的海外市场　　　　　　　D. 品牌笔记本电脑的销售和服务

4. 在2010年的第一季度,神舟笔记本电脑在日本市场的月销量是多少? ( )
   A. 3,000台　　　　　　　　　　B. 8,000台
   C. 5,000台以上　　　　　　　　D. 12,000—20,000台

5. 神舟电脑能够顺利打入日本市场,被日本消费者认可,最重要的是什么? ( )
   A. 敏锐的市场洞察力和丰富的专业经验　　B. 银行在资金方面的大力支持
   C. 首家总经销Sistem Care的帮助　　　　D. 具有IBM电脑再生的资质帮助

6. 案例中表示事业的开启、出发的词语是哪一个? ( )
   A. 蓬勃发展　　　　　　　　　　B. 扬帆起航
   C. 快速增长　　　　　　　　　　D. 信心十足

三、选词填空

| ① 本土 | ② 目标 | ③ 尤其 | ④ 代理商 | ⑤ 发展 |
| ⑥ 合作 | ⑦ 评价 | ⑧ 洞察力 | ⑨ 竞争力 | ⑩ 稳定 |

1. A公司决定和B公司建立长远的_____伙伴关系。
2. 如今，神舟电脑的产品在日本有着_____的消费群体。
3. 这一季度，我们推出的电子产品具有很大的市场_____。
4. A公司产品的品质获得了客户的高度_____。
5. 会议上，董事长充分肯定了市场部的工作成绩，_____是小李的销售能力。
6. 作为市场部部长，应该拥有很强的市场_____。
7. 日企佳能公司在进入中国市场时，也融入了一些中国_____文化。
8. 我们的_____是：2016年末，实现销售量达到50,000台。
9. 会议宣布，将盛大确定为我公司在E城的地区_____。
10. 经过这些年的摸索和尝试，佳能公司在照相机行业开始迅速_____。

四、用所给句型完成句子

1. 经过……之后

   例 神舟电脑是从2006年开始进入海外市场的，<u>经过</u>一段时间的摸索和尝试<u>之后</u>，在2007年就开始实现快速增长。

   (1) _____，A公司在日本的市场份额大大提高了。
   (2) _____，秋山国际公司的效益比之前更好了。

2. 尤其是……

   例 神舟电脑的海外销量主要集中在南美、东南亚等新兴市场，发达地区较少，<u>尤其是</u>还未能进入美国和日本这两个重要市场。

   (1) "5S管理法"使得员工的工作效率提高许多，_____。
   (2) 作为人力资源要时时扮演好自己的角色，_____。

3. 只要能够……相信……

   例 <u>只要能够</u>顺利打入日本市场，被日本消费者认可，<u>相信</u>神舟电脑自己的"Hasee"品牌在世界上任何一个地方都会信心十足。

   (1) 只要能够占有市场20%的份额，_____。
   (2) 只要能够找到他居住的那家旅社，_____。

4. ……正在……希望……

   例 神舟电脑<u>正在</u>日本扬帆起航，<u>希望</u>更多中国品牌借着中国制造崛起的东风，顺利驶向广阔的海外市场。

   (1) 世界杯足球的预赛正在各赛区紧张地进行，_____。

(2) 有关部门正在统计事故中的死亡人数，_____。

五、用所给句型改写句子

1. 具有……历史

   例 Sistem Care 是神舟电脑在日本的首家总经销，<u>具有</u>20年专业从事电脑维修和技术支持的<u>历史</u>，具有IBM电脑再生的资质。

   (1) A公司在电子产品行业一路领先，时间长达半世纪之久。
   _____。

   (2) B集团是S城最大的制药公司，有着数十年的技术创新支持。
   _____。

2. 凭借

   例 凭借有着良好的品质和有竞争力的产品，只要能够顺利打入日本市场，被日本消费者认可，相信神舟电脑自己的"Hasee"品牌在世界上任何一个地方都会信心十足。

   (1) "5S管理法"使得丰田获得成功，成为包括汽车行业在内的其他行业学习的榜样。
   _____。

   (2) 佳能对员工细微之处的关心和注重管理的细节，让员工产生强烈的幸福感和归属感。
   _____。

巩固与扩展

一、听力理解

1. "有生于无"与"以柔克刚" 🎧 06-01

关键词语

1	以柔克刚	yǐróukègāng	柔をもって剛を制す
2	首席执行官	shǒuxí zhíxíngguān	最高経営責任者、CEO
3	出访	chūfǎng	（外国を）訪問する
4	热衷	rèzhōng	熱中する
5	至理名言	zhìlǐmíngyán	実にもっともな名言
6	宗旨	zōngzhǐ	理念、モットー
7	阐述	chǎnshù	はっきり述べる
8	诠释	quánshì	説明する
9	铭记	míngjì	銘記する

（续表）

10	有形	yǒuxíng	有形の、形のある
11	为人	wéirén	人として
12	谦逊	qiānxùn	謙遜
13	骄横	jiāohèng	不遜で横柄だ
14	张扬	zhāngyáng	言いふらす

选择正确答案

(1) "该公司董事长一向热衷中国至理名言"句中"该"表示什么意思？　　　　　（　　）
　　A. 应该　　　　　　　　　　　　　　B. 占据
　　C. 这位　　　　　　　　　　　　　　D. 那位

(2) 《道德经》一书的作者大概是谁？　　　　　　　　　　　　　　　　　　（　　）
　　A. 公司的董事长　　　　　　　　　　B. 真善美
　　C. 老子　　　　　　　　　　　　　　D. 张瑞敏

(3) 张瑞敏所说的"无形的东西"指下面哪项？　　　　　　　　　　　　　　（　　）
　　A. 利润　　　　　　　　　　　　　　B. 资本
　　C. 产量　　　　　　　　　　　　　　D. 观念

(4) 按照张瑞敏的说法，"以柔克刚"在企业经营方面指下面哪项？　　　　　（　　）
　　A. 公司以强大的实力压倒对手　　　　B. 公司认识到自身不足，迎头赶上
　　C. 公司要重点经营钢铁行业　　　　　D. 公司要克服经营中的种种困难

(5) 张瑞敏强调企业家要懂哲学是为什么？　　　　　　　　　　　　　　　（　　）
　　A. 哲学直接跟赚钱有关　　　　　　　B. 哲学能让人思想变得成熟
　　C. 一切成功的企业家都是哲学家　　　D. 海尔的成功靠哲学的支持

2. 国际化并购助联想步入高速成长期 🎧 06-02

关键词语

1	迷茫	mímáng	困惑
2	内耗	nèihào	内部抗争
3	摸着石头过河	mōzhe shítou guò hé	石橋をたたいて渡る（慎重だ）
4	战线	zhànxiàn	戦線
5	涵盖	hán'gài	カバーする、網羅する
6	标杆	biāogān	模範、手本

（续表）

7	蛇吞象	shétūnxiàng	蛇が象を飲む（どん欲だ）
8	惊人之举	jīngrénzhījǔ	驚くような壮挙
9	获利丰厚	huòlì fēnghòu	利益が大きい
10	借助	jièzhù	〜の助けを借りて
11	萎缩	wěisuō	衰退する
12	猎物	lièwù	獲物
13	娴熟	xiánshú	熟練する、手慣れている

选择正确答案

(1) 关于PC传统四强，下面哪个说法是正确的？　　　　　　　　　　　　　　　　（　　）
　　A. 惠普比戴尔年轻　　　　　　　　　　B. 宏基比联想年轻
　　C. 联想比戴尔年轻　　　　　　　　　　D. 联想比惠普年轻

(2) "摸着石头过河"一般用来比喻什么？　　　　　　　　　　　　　　　　　　（　　）
　　A. 做事情要讲究先后　　　　　　　　　B. 做事情要敢闯敢试
　　C. 做事情要有物质依靠　　　　　　　　D. 做事情不能太粗心大意

(3) 在联想最初一系列的并购中具有标杆意义的是哪个？　　　　　　　　　　　　（　　）
　　A. 联想并购IBM　　　　　　　　　　　 B. 联想并购戴尔
　　C. 联想并购全球商用IT　　　　　　　　D. 联想并购宏基电脑

(4) 2008年全球经济危机之后，联想强化了哪个领域的IT能力？　　　　　　　　　（　　）
　　A. 生产领域　　　　　　　　　　　　　B. 消费领域
　　C. 商用领域　　　　　　　　　　　　　D. 销售领域

(5) 联想第二例大的海外并购对象是哪家公司？　　　　　　　　　　　　　　　　（　　）
　　A. 戴尔　　　　　　　　　　　　　　　B. NEC
　　C. 惠普　　　　　　　　　　　　　　　D. 全球商用IT

二、扩展阅读

1. 被隐藏的渠道困局[①]

　　"全国代理商"这个曾经被诺基亚、三星等外资企业所痛恨，最终被全面抛弃的营销渠道，却还存在于神舟电脑的销售体系中，并在最近三年一直扮演着重要角色。神舟电脑IPO招股说明书显示：在2011年公司前十大销售客户

[①] 许意强. 神舟电脑带伤过会：渠道问题成发展隐患. 中国企业报，2012-08-21

中，位居前三位的深圳中电投资股份有限公司、深圳越海全球物流有限公司、福建阳光集团以及芜湖万利科技实业有限公司、深圳广惠集团有限公司共5家企业，全部为物流平台公司，年度总销售额达16.77亿元，占据公司29.44%的市场销售份额。2011年，神舟电脑营业收入达到56.96亿元。其中，直销占比达14.46%、3C卖场份额为5.02%、经销商份额达80.53%。在神舟电脑全国所有经销商的销售份额中，上述5家物流平台公司的市场占比也达到36.57%，占据着举足轻重的位置。部分经销商为了利用供应链优势降低采购成本，往往会选择通过物流平台公司进行采购。作为公司第一大销售客户的深圳中电投资股份有限公司，其从神舟电脑采购的产品，并非自己销售，而是再度卖给了神舟电脑分散在各个地区的经销商。同样，包括深圳越海全球物流、福建阳光集团等物流平台公司，也向神舟电脑的全国多个省市经销商直接供货。而南京和尔润科技有限公司及其控股母公司南京协力电子科技集团在2011年正是神舟电脑的第四大销售客户，年销售金额达到2.32亿元。目前，大企业都在推动渠道扁平化，砍掉国代、省代，直接进行市县经销商的直营。神舟电脑还继续以物流平台公司名义发展国代，不排除与上述公司在资金运作上达成某些交易：神舟电脑将一些产品直接让这些公司买断，再让旗下的经销商从这些公司拿货，换取资金支持。否则，神舟电脑是没有道理将电脑转一道手再卖给各地经销商，这其实是增加企业的渠道成本和营销费用。

关键词语

1	渠道	qúdào	ルート
2	曾经	céngjīng	かつて
3	痛恨	tònghèn	ひどく嫌う
4	抛弃	pāoqì	放棄する
5	说明书	shuōmíngshū	説明書
6	位居	wèijū	～位にいる
7	上述	shàngshù	上に述べた
8	举足轻重	jǔzúqīngzhòng	重要で影響力が大きい
9	供应链	gōngyìngliàn	サプライチェーン
10	再度	zàidù	再び
11	排除	páichú	排除する
12	达成	dáchéng	(交渉が)まとまる
13	买断	mǎiduàn	買い取る

问题

(1) 最近三年神舟电脑的销售方式主要是什么？

(2) 2011年，神舟电脑的营业收入如何？直销、3C卖场、经销商的销售份额分别是多少？

(3) 神舟电脑以物流平台公司名义发展国代的目的是什么？

(4) 作者对神舟电脑的这种销售模式持什么态度？请谈谈你的看法。

2. 惠普召回笔记本电脑的电池①

美国消费安全委员会（CPSC）近日发布报告称：因存在过热和破损并可能导致起火等事故，惠普将召回16.26万块笔记本电脑的电池。2009年5月和2010年5月，惠普曾先后两次召回7万块和5.4万块笔记本电脑的电池。这些被召回的电池销售周期在2007年8月至2008年1月期间。惠普官网将近日的召回事件称为是对2009年、2010年通告的"扩展"，并不见"道歉"二字。

"笔记本电脑的价格战很可能导致它在成本与质量之间做了妥协。"中国移动互联网产业联盟秘书长李易对记者分析，这是惠普为3年前的冲刺所付的代价。从2005年强化消费类业务后，到2007年，惠普一举超越戴尔，成了全球第一大PC企业，并在2008年达到市场的巅峰。而这期间，笔记本电脑的市场价格战惨烈，惠普的质量话题丛生。去年，惠普（中国）也曾遭遇质量危机，央视"3·15"晚会曝光了惠普的电脑故障，而惠普的解释则为用户使用环境差，甚至归于蟑螂太多所导致。

并非只有惠普在召回。过去三年，戴尔、宏基、联想、华硕全部发生过召回事件。而惠普近日的召回行动，也很可能会造成连锁反应，它的对手们将因此感受到压力。因为全球笔记本电脑的电池品牌集中度较高，惠普的电池供应商，不排除也是这些品牌的合作伙伴。而在一位PC渠道人士眼里，惠普很可能在将皮球踢给对手。因为这一批次的笔记本电脑的产品已上市多年，面临淘汰，其中许多消费者恐怕都不太可能通过更换一块电池，再继续使用它，尽管召回数量确切，但惠普从未公布过最终实际召回的数量，信息不对称可能让召回行动成为一场"公关秀"。

关键词语

1	破损	pòsǔn	破损する
2	导致	dǎozhì	引き起こす

① 王如晨：惠普连续召回："价格战"中的质量危机：第一财经日报，2011-05-31

（续表）

3	妥协	tuǒxié	妥協
4	一举超越	yìjǔ chāoyuè	一気に抜く
5	巅峰	diānfēng	頂点
6	惨烈	cǎnliè	悲惨である
7	丛生	cóngshēng	（多くが）同時発生する
8	曝光	bàoguāng	明るみに出す
9	连锁反应	liánsuǒ fǎnyìng	連鎖反応
10	上市	shàngshì	市場に出る
11	淘汰	táotài	淘汰する
12	不对称	búduìchèng	ちぐはぐだ
13	公关秀	gōngguānxiù	（PRのための）パフォーマンス

问题

(1) 惠普为什么要将笔记本电脑的电池召回？

(2) "笔记本电脑的价格战导致成本与质量之间的妥协"是什么意思？

(3) 惠普的召回行为为什么会让对手感到压力？试结合目前电脑行业的具体现状谈谈你的看法。

(4) 文中"将皮球踢给对方"和"公关秀"分别指什么意思？

三、根据情景写一段话

1. 用"摸索""尝试""沾沾自喜""增长""跨越式"等词语说说神舟电脑在2007年的发展情况。

2. 用"具有""认识""凭借""锁定""视野"等词语说说神舟电脑登陆日本市场的情况。

3. 用"被……认可""信心十足""竞争力""扬帆起航"等词语展望一下神舟电脑在日本市场未来的发展。

四、调查任务

就下列项目对三人进行调查，然后进行汇总和分析。

1. 你经常使用的笔记本电脑是什么牌子的？　　　　　　　　　　　（　　　）[多选]
   A. 苹果　　　　　　　　　　　　　　B. 联想
   C. 三星　　　　　　　　　　　　　　D. 其他

2. 选购电脑时，你首先看中的是什么？　　　　　　　　　　　（　　）[单选]
   A. 外观　　　　　　　　　　　　B. 售后服务
   C. 价格　　　　　　　　　　　　D. 功能

3. 你认为目前中国电脑市场有哪些不尽如人意的地方？　　　　（　　）[多选]
   A. 价格偏贵　　　　　　　　　　B. 质量不太好
   C. 售后服务不太好　　　　　　　D. 产品比较单一

4. 请选择你曾听说或有所了解的下列电脑的名称。　　　　　　（　　）[多选]
   A. IBM　　　　　　　　　　　　B. 宏基
   C. 联想　　　　　　　　　　　　D. 三星
   E. 苹果　　　　　　　　　　　　F. 惠普
   G. 其他

5. 关于电脑销售，你所知道的常见模式有哪些？　　　　　　　（　　）[多选]
   A. 网络营销　　　　　　　　　　B. 专卖店销售
   C. 集成分销　　　　　　　　　　D. 电视购营销

6. 相比台式电脑，笔记本电脑最大的好处是什么？　　　　　　（　　）[单选]
   A. 便携性　　　　　　　　　　　B. 多媒体性
   C. 容量大　　　　　　　　　　　D. 自备电源

五、写作

选择一两种品牌的笔记本电脑，就其在中国市场的销售情形写一简单的报告。

第 7 课

东芝的创新之路

课前热身

1. 东芝取得长期发展和成功的主要因素是什么?
   東芝が長年発展し、成功した主な理由は何ですか。

2. 东芝的研发活动分为几个不同的层次?
   東芝の研究開発は、いくつのレベルに分かれていますか。

3. 为了降低研发过程中的投资风险,东芝是如何做的?
   研究開発過程における投資リスクを減らすため、東芝はどうしていますか。

图片来源:http://www.toshiba.com.cn/

第7课 东芝的创新之路

图片来源：http://image.baidu.com/i?tn=baiduimage&ipn

案例背景

创建于1875年的日本东芝株式会社（简称：东芝），是一家生产各种电子和电气产品的综合性制造公司，其长期发展和成功的秘诀是注重新技术的研发和技术成果的转换，在新技术开拓的进程中始终保持世界领先地位，设计、制造、市场的一体化使东芝的产品在一个多世纪以来保持畅销不衰的态势。为了充分适应国际市场变化的需求，在日趋激烈的竞争环境中保持领先地位，东芝还注重在研究与开发领域中进行广泛的国际合作。

案例正文[①]

日本东芝株式会社创建于1875年，总部设在东京，是生产各种电子和电气产品的综合性制造公司。东芝公司之所以能在一个多世纪以来不断地发展和成功，并在新技术开拓进程中始终保持世界领先地位，关键在于公司全力以赴地开发新技术。

无论经济如何波动，东芝每年的研发经费约占总销售额的6%左右，并且绝对值年年增长，每年研发费用的投入方向主要取决于当年技术与市场的变动。除大规模的资金投入外，东芝还不断地招收大学毕业生，充实东芝的研究和技术部门。

为了保证科技能迅速转化为产业，达到预期目标，东芝将其研发活动按功能分为3层结构：第一层是核心层，即东芝所属的综合研究所，是一个下属13个门类的研究所，重点进行可在5—10年内加以应用的基础和先进技术的研究。第二层是综合研究所和附属于各部门的8个技术研究所，专门从事实用和与生产有关的研发工作。第三层是东芝营业部门的技术部门，负责全面实现上两层研究所的研究成果，使之成为新产品。

此外，东芝还有3个独立的研究所，专门从事未来最有前途领域的研究：ULSI（超大规模集成电路）研究中心，进行下一代高集成半导体的基础研究；系统和软件技术研究所，进行人工智能与软件生产技术的研究；制造技术研究所，开发合理化和自动化水平更高的制造工序。充足的研究资金与合理的研究结构，使东芝能把握世界尖端技术的潮流，取得一个又一个日本第一乃至世界第一的科技成果。如东芝高能电池是世界一流的产品，行销世界多个国家和地区。

东芝对新技术开发的重视还表现在：东芝每向市场推出一款新产品时，总有另一款产品处于试用阶段，还有一款产品处于试制阶段，以保证自己的产品永远处于技术领先地位，永远与市场需求吻合。这种设计、制造、市场的一体化是东芝产品在一个多世纪以来畅销不衰的重要原因。

为了充分适应国际市场变化的需求，在日趋激烈的竞争环境中保持领先地位，东芝不断地在研究与开发领域中进行广泛的国际合作：与其进行业务合作的公司有通用电气公司、CISA国际公司、美国电话电报公司（AT&T）、西门子公司、荷兰SCS汤姆森微电子公司、法国罗内波伦公司以及日本电信电话株式会社等；与其进行研发合作的国际一流研究机构有美国亚利桑那大学、麻省理工学院等。

东芝充分认识到：一个有前途的技术或产品，要是由某一家公司来开发，这家公司就要承担极高的费用风险，而多家公司的业务协作则能使风险分散，

---

① 乔春洋.东芝的创新之路.新浪博客，2010-08-15

使大家都得益，并且能在技术与设施上取长补短。东芝与每一家公司、研究机构的合作，都使其既避免了在新的技术领域的投资风险，又掌握了必要的技术内容，扩大了市场与产品范围。

生词

序号	词语	拼音	词性	日语翻译
1	研发	yánfā	名詞	研究開発
2	成果	chéngguǒ	名詞	成果
3	领先	lǐngxiān	動詞	先頭の、リードする
4	一体化	yìtǐhuà	形容詞	一体化した、統合した
5	畅销不衰	chàngxiāo bùshuāi	形容詞	売れ行きが衰えない
6	日趋激烈	rìqū jīliè	形容詞	日増しに激しくなる
7	综合性	zōnghéxìng	形容詞	総合的な
8	全力以赴	quánlìyǐfù	成語	全力で事に当たる
9	波动	bōdòng	動詞	変動する
10	取决于	qǔjuéyú	動詞	～によって決まる
11	大规模	dàguīmó	形容詞	大規模な
12	招收	zhāoshōu	動詞	(従業員を)採用する
13	部门	bùmén	名詞	部門
14	转化	zhuǎnhuà	動詞	転換する、実用化する
15	核心	héxīn	名詞	核心、コア
16	研究所	yánjiūsuǒ	名詞	研究所
17	附属于	fùshǔyú	動詞	～に付属する
18	专门	zhuānmén	副詞	専門的に
19	从事	cóngshì	動詞	従事する
20	人工智能	réngōng zhìnéng	名詞	人工知能、AI
21	尖端	jiānduān	名詞	先端
22	潮流	cháoliú	名詞	潮流、時代のすう勢
23	一流	yīliú	形容詞	一流の

（续表）

序号	词语	拼音	词性	日语翻译
24	行销	xíngxiāo	動詞	販売する
25	一款	yìkuǎn	数量句	1種類の
26	试用	shìyòng	名詞	試用、テスト
27	试制	shìzhì	名詞	試作
28	业务	yèwù	名詞	業務
29	机构	jīgòu	名詞	機関
30	得益	déyì	動詞	利益を得る
31	取长补短	qǔchángbǔduǎn	成语	長所を取り入れ短所を補う

专有名词

词语	拼音	日语翻译
东芝株式会社	Dōngzhī Zhūshì Huìshè	（社名）東芝株式会社

案例分析与讨论

一、案例分析

1. 东芝为什么重视新技术的研究与开发？
2. 为了充分适应国际市场变化的需求，东芝是怎么做的？
3. 你怎么看待东芝的"创新之路"？
4. 在你们国家，有没有其他公司走类似的创新之路？如果有，请简单介绍一下；如果没有，请假设你是一家公司的CEO，你会走什么样的创新之路？

二、情景会话

一人扮演东芝（中国）公司的CEO，一人扮演《第一财经日报》的记者，就东芝公司在中国的业务发展进行采访，请事前查阅东芝（中国）公司在中国进行相应商务经营活动的资料介绍。

语言技能练习

一、回答问题

1. 案例是怎么样体现东芝的"创新之路"的？

2. 为了保证科技能迅速转化为产业，并达到预期目标，东芝是怎么做的？

3. 东芝对新技术开发重视吗？表现在什么方面？

4. 对于产品研发问题东芝充分认识到什么？

二、选择正确答案

1. 东芝是生产什么的？ （　　）
   A. 各种电子产品　　　　　　　　　B. 各种半导体
   C. 各种电气产品　　　　　　　　　D. 各种电子和电气的综合产品

2. 东芝将其研发活动按功能分的3层结构分别是什么？ （　　）
   A. 核心层、技术研究所、技术部门
   B. 综合研究所、技术部门、技术研究所
   C. 核心层、综合研究所、独立研究所
   D. 技术研究所、综合研究所、独立研究所

3. 东芝取得一个又一个日本第一乃至世界第一的科技成果的原因是什么？ （　　）
   A. 3层结构和3个独立的研究所　　　B. 充足的研究资金与合理的研究结构
   C. 大学生充实了东芝的研究和技术部门　D. 东芝对新技术开发的充分重视

4. 与东芝进行研发合作的国际一流研究机构有下列哪些？ （　　）
   A. 日本电信电话株式会社、CISA国际公司
   B. CISA国际公司、麻省理工学院等
   C. 美国亚利桑那大学、日本电信电话株式会社
   D. 美国亚利桑那大学、麻省理工学院等

5. 东芝与每一家公司、研究机构的合作，它的得益不包括下面哪项？ （　　）
   A. 避免在新的技术领域投资的风险　　B. 掌握了必要的技术内容
   C. 承担了极高的费用风险　　　　　　D. 扩大了市场与产品范围

6. 案例中的"取长补短"是什么意思？ （　　）
   A. 吸收别人的长处弥补自己的不足　　B. 去除自己的长处，取得别人的短处
   C. 拿自己的长处跟别人的短处相比　　D. 拿自己的短处跟别人的长处相比

三、选词填空

| ①转化 | ②取决于 | ③企业 | ④异常激烈 | ⑤利润 |
| ⑥专业 | ⑦从事 | ⑧知名 | ⑨发明 | ⑩取长补短 |

1. A公司是_____生产汽车电子设备的厂家。
2. 这个项目的_____居然达到2千万元。
3. 会议上，技术部受到了董事长的夸奖，因为他们有许多科技_____。
4. 电子电气行业的竞争_____。
5. 我们公司生产的C产品属于世界_____品牌。

6. B公司下属一共有20个_____。
7. 能否成为业务合作伙伴，_____两个公司的文化与管理理念是否一致。
8. 这家公司之所以世界领先，关键在于它能将创新技术_____成先进产品。
9. 两家公司在技术和管理上能够_____，共同发展。
10. 小李进入A公司，_____技术研究和开发。

四、用所给句型完成句子

1. 无论……

   例 无论经济如何波动，东芝每年的研发经费约占总销售额的6%左右，并且绝对值年年增长，每年研发费用的投入方向主要取决于当年技术与市场的变动。

   (1) _____，这个项目还是被董事长否定了。
   (2) _____，技术部还是全力以赴地研究开发这个新产品。

2. 为了……

   例 为了充分适应国际市场变化的需求，在日趋激烈的竞争环境中保持领先地位，东芝不断地在研究与开发领域中进行广泛的国际合作。

   (1) _____，每一位新员工入职，佳能都会递上一个大礼包。
   (2) 神舟电脑不断研发新技术，是_____。

3. ……使……

   例 充足的研究资金与合理的研究结构，使东芝能把握世界尖端技术的潮流，取得一个又一个日本第一乃至世界第一的科技成果。

   (1) 长时间的紧张劳作及恶劣的工作环境，_____。
   (2) 刻苦学习加上方法得当，_____。

4. ……都……又……

   例 东芝与每一家公司、研究机构的合作，都使其既避免了在新的技术领域的投资风险，又掌握了必要的技术内容，扩大了市场与产品范围。

   (1) 公司对员工的每一次培训，都极大地提高了_____，又_____。
   (2) 他每去一趟医院，都_____，又_____。

五、用所给句型改写句子

1. 之所以……并……关键在于……

   例 东芝公司之所以能在一个多世纪以来不断地发展和成功，并在新技术开拓进程中始终保持世界领先地位，关键在于公司全力以赴地开发新技术。

   (1) 这种药能有效地杀死病菌，而且能对相应组织起到保护作用，主要是因为药的新配方中添加了一种有效成分。

   _____。

(2) 因为父母长期在外打工，跟孩子交流少，造成孩子性格内向，比较孤僻，孩子跟父母在电话里也没多少话说。

　　_____。

2. ……是……的重要原因

　　例 这种<u>设计、制造、市场的一体化</u>是<u>东芝产品在一个多世纪以来畅销不衰</u>的<u>重要原因</u>。

(1) A公司一直处于该行业的尖端，关键在于它的创新科技和创新产品。

　　_____。

(2) 佳能员工之所以工作热情、态度认真，离不开佳能的"于细微处谋幸福"的企业文化。

　　_____。

巩固与扩展

一、听力理解

1. 东芝决定撤出中国手机市场 🎧 07-01

关键词语

1	撤出	chèchū	撤退する
2	转让	zhuǎnràng	譲渡する
3	一针见血	yìzhēnjiànxiě	急所を突く
4	寄托	jìtuō	（希望を）託す
5	获得	huòdé	獲得する
6	丧失	sàngshī	失う
7	缺乏	quēfá	欠けている
8	为时尚早	wéishíshàngzǎo	時期尚早である
9	否则	fǒuzé	そうでなければ
10	胜出	shèngchū	勝利する

选择正确答案

(1) 东芝是哪年与中国公司合作在中国生产手机的？　　　　　　　　　　　　　　　　（　　）
　　A. 2001年　　　　　　　　　　　　B. 2002年
　　C. 2003年　　　　　　　　　　　　D. 2000年

(2) 日系手机退出中国市场的主要原因是什么？　　　　　　　　　　　　　　　　　　（　　）
　　A. 质量原因：日本手机的质量不如其他国家
　　B. 文化原因：没有进行成功的本土化运作

C. 经济原因：没有钱进行后续投资
D. 用人原因：没用精通技术的人才

(3) "一针见血"通常比喻什么？ （　）
　　A. 事物之间关系的直接性　　B. 事物之间关系的重要性
　　C. 事物之间关系的模糊性　　D. 事物之间关系的同一性

(4) 部件采购大多依赖从日本进口所造成的结果是什么？ （　）
　　A. 生产成本过高　　B. 质量得不到保障
　　C. 流通环节增多　　D. 售后服务跟不上

(5) 中国手机市场的竞争态势如何？ （　）
　　A. 一般　　B. 不太激烈
　　C. 非常激烈　　D. 比较温和

2. 中兴通信重视手机的售后服务 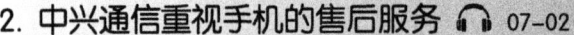 07-02

关键词语

1	权威	quánwēi	権威のある
2	显示	xiǎnshì	示す
3	半壁江山	bànbìjiāngshān	半分の山河
4	充斥	chōngchì	満ちる、はびこる
5	日益	rìyì	日増しに
6	膨胀	péngzhàng	膨張する
7	乏力	fálì	力不足である
8	由衷	yóuzhōng	心から
9	拥有	yōngyǒu	有している
10	为数不多	wéishùbùduō	数は多くない
11	普及	pǔjí	普及
12	选购	xuǎngòu	選んで購入する
13	平滑	pínghuá	スムーズに
14	聚焦	jùjiāo	焦点を当てる

选择正确答案

(1) 2005年全国固定电话及手机用户是多少？ （　）
　　A. 3,000　　B. 74,386
　　C. 39,343　　D. 52,943

(2) "黑手机"大概是什么意思？ （　　）
　　A. 指手机的颜色　　　　　　　　B. 指冒牌的手机
　　C. 一种手机的牌子　　　　　　　D. 指一种在夜晚使用的手机

(3) 有关手机售后服务市场，下列哪项是正确的？ （　　）
　　A. 售后服务无需投入过多的人力
　　B. 中兴通信是为数不多的在售后服务领域打品牌的厂商之一
　　C. 手机用户不到总用户的一半
　　D. 买手机比修手机难

(4) "大浪淘沙"一般用来比喻什么？ （　　）
　　A. 在市场竞争中淘汰不良产品　　B. 固定电话和手机之间用户竞争激烈
　　C. 厂商和用户的关系紧张　　　　D. 厂商和产品的矛盾突出

(5) "扣动发令枪"是什么意思？ （　　）
　　A. 指开始从事某一活动　　　　　B. 指战斗时的情形
　　C. 指结束某一活动　　　　　　　D. 指射击

二、扩展阅读

1. 京瓷公司：勇于追赶潮流[①]

　　京瓷公司成立之初是一家技术陶瓷生产厂商。技术陶瓷是指一系列具备独特物理、化学和电子性能的先进材料，以及人们熟悉的陶瓷厨具等。如今，京瓷公司的大多数产品与电信有关，包括无线手机和网络设备、半导体元件、射频和微波产品套装、无源电子元件、水晶振荡器和连接器等。目前，京瓷公司已经把经营资源集中在通信信息产业、环境保护产业和生活文化产业三大板块上，努力拓展国际市场。京瓷公司社长川村诚表示，日本的太阳能发电设备制造厂家有着长期的研发历史和尖端技术，足以在全球的竞争中求得生存。他认为，日本厂家如果能在质量方面处于领先地位就将占据优势，"太阳能电池可以持续使用20年至30年，日本厂家的技术很值得信赖"。

　　京瓷公司的太阳能电池的能量转换效率高，公司拥有技术储备，将继续生产目前主流的多结硅太阳能电池。京瓷公司还计划投资550亿日元，主要用于提高主力产品——太阳能电池片的生产能力。

---

① 鲍显铭. 感受日本企业的经营特色. 经济日报, 2011-10-08

关键词语

1	勇于	yǒngyú	勇敢に……する
2	性能	xìngnéng	性能、特性
3	厨具	chújù	キッチン用品
4	包括	bāokuò	〜を含む
5	网络设备	wǎngluò shèbèi	ネットワーク機器
6	板块	bǎnkuài	ジャンル
7	拓展	tuòzhǎn	開拓する
8	太阳能	tàiyángnéng	ソーラーパワー
9	信赖	xìnlài	信頼する
10	储备	chǔbèi	備蓄、蓄え
11	主流	zhǔliú	主流

问题

(1) 京瓷公司成立之初是生产什么的？

(2) 目前京瓷公司的经营主要集中在哪些方面？

(3) 京瓷公司为什么把重点放在太阳能电池片的生产上？

2. 东芝在中国的战略转移

虽然日本东芝公司早在1995年就在中国正式设立了东芝（中国）有限公司简称：东芝（中国），但东芝（中国）仍然是一个形象尴尬的"插班生"，用前社长岗村正的话说，因为对中国市场没有给予足够的重视，在中国的业务就像一盘散沙。日前，东芝（中国）高调推出一系列新产品，包括液晶电视、笔记本电脑、多功能复合机在内的数款数码影像产品，努力改变其"插班生"的形象，加速其在中国市场的战略转型。截至2007年3月，东芝在中国拥有65家企业，事业规模达到664亿元人民币，员工人数2.5万人，2006年的销售额创历史新高。在东芝总部的财务账表上，中国已成为了仅次于美国的第二大利润贡献地。2007年2月，东芝任命田中孝明为东芝中国区总代表，兼任东芝（中国）的董事长、总裁，全面负责东芝在中国的运营管理和战略性发展，标志着东芝（中国）步入了战略发展期。东芝（中国）今后在中国的发展战略将主要包括两个方面，一是面向大众消费者的产品，二是中国经济高速发展的过程中，将面临着环境问题的挑战，东芝（中国）希望从环保中寻找突破口，生产出更节能、更环保的产品。今后，东芝（中国）将加大在零售店方面的销售力度，在中国构建统一的销售网络，将过去的贸易型营销转换成业务型营销。决定重塑的东芝（中国），逐渐开始从传统产业和一些非战略业务上大规模地撤退和转移，将未来经营的重点转向了移动通讯、数码技术和网络技术。东芝（中国）不再信奉传统的"无所不包"的市场战略，"有所为有所不为"成为了它最新的信念。

关键词语

1	转移	zhuǎnyí	移転
2	尴尬	gàn'gà	気まずい、よくない
3	插班生	chābānshēng	転入生
4	一盘散沙	yìpánsǎnshā	バラバラで団結していない
5	账表	zhàngbiǎo	（会計）報告書
6	仅次于	jǐncìyú	わずかに……に次ぐ
7	任命	rènmìng	任命する
8	突破口	tūpòkǒu	突破口
9	销售网络	xiāoshòu wǎngluò	販売ネットワーク
10	重塑	chóngsù	再生する、再建する
11	撤退	chètuì	撤退
12	无所不包	wúsuǒ bùbāo	含まないものはない、すべてを包括する
13	有所为有所不为	yǒusuǒwéi yǒusuǒbùwéi	為すこともあれば、為さざることもある

问题

(1) 文中"形象尴尬的插班生"比喻什么意思？

(2) 说说截至2007年3月，东芝在中国的经营业绩如何？

(3) 东芝（中国）今后在中国的发展战略主要包括哪些方面？

三、根据情景写一段话

1. 请用"虽然""但""一盘散沙""尴尬"等词语描述东芝（中国）在战略调整前的情形。

2. 请用"任命""为""标志""战略""调整"等词语描述2007年2月东芝（中国）的战略调整情形。

3. 东芝（中国）在营销模式方面有哪些改变？请用上"加大""力度""构建""网络"等词语。

四、调查任务

请调查一下东芝的产品在电器商店的销售情形。

五、写作

就东芝（中国）的战略转型写作一篇报告，看看其中提供了哪些有价值的参考。

第8课

北京松下企业的"中国化"

课前热身

1. **企业合资成功的关键因素是什么?**
   企業の合弁が成功するカギは何ですか。

2. **成语"同舟共济"一般用来比喻什么?**
   「同舟共済（仲間が力を合わせて難関を切り抜ける）」という成語は一般的には何をたとえていますか。

3. **北京松下是如何搞好自身的企业文化建设的?**
   北京松下はどのようにして自社の企業文化を創ったのでしょう。

图片来源：http://image.baidu.com/i?ct=503316480&z=0&tn=baiduimagedetail&ipn=d&word=%E5%8C%97%E4%BA%AC%E6%9D%BE%E4%B8%8B&step_word=&pn

图片来源：http://image.baidu.com/i?ct=503316480&z=0&tn=baiduimagedetail&ipn=d&word=%E5%8C%97%E4%BA%AC%E6%9D%BE%E4%B8%8B&step_word=&pn

案例背景

  合资企业不是表面上两个或几个公司资本的简单相加，所面临的问题是不同的思想、文化、法律和制度背景下不同民族文化之间的合作与协调。共同的利益是合资企业价值的基础，北京松下把适应本土化的企业文化建设和培养员工的市场意识放在一个非常重要的位置，给其他企业提供了有益的启示。

案例正文[①]

北京松下成立于1987年，由北京东方电子集团股份有限公司和北京显像管总厂等四家国有企业与日本松下集团（简称：松下）和集团下属的一个企业，以全额注资的方式（中日双方各占50%）共同创建，董事会由中方任董事长，日方任副董事长，总经理由日方派出，副总经理由中方派出。面对在不同社会和文化背景下发展起来的企业，进行合资合作能否取得成功？很多人当时对此都存有疑虑。中日双方在经过深入细致地磋商和研究之后认为，合作要想取得成功，关键的因素在"人和"。而此时北京松下面临的是不同思想、文化、法律和制度背景下两个不同民族之间的合作与协调问题，因此企业文化建设的地位比以往更重要。也就是说，北京松下合资成败的关键，其中一个非常重要的因素，就在于能否建立具有中国特色的企业文化。松下在企业文化建设方面有着丰富的成功经验，经过充分论证后，松下得出的结论是：完全照搬本土模式明显不可取；双方具备合作的坚实基础和客观条件，搞好企业文化建设是完全有可能的。北京松下以后的实践也证明了这一点。共同的利益是合资企业价值观的基础，这使得中日双方能够"同舟共济"。在坚持"同舟共济"这一企业价值观的前提下，北京松下制定了具体的公司纲领、目标和企业精神。北京松下在公司成立初期，就把松下的经营理念"克尽实业家的职责，致力于社会生活的改善与提高，以期对世界文化的发展作出贡献"确定为公司的纲领。在合作的过程中，中日双方的员工难免要发生摩擦和争执，甚至面红耳赤的相互攻击，但最终在同舟共济和公司纲领的指导思想下统一起来了。为了体现公司纲领的价值，北京松下又提出了公司的目标，即北京松下精诚企业的精神，"工业报国之精神、实事求是之精神、改革发展之精神、友好合作之精神、光明正大之精神、团结一致之精神、奋发向上之精神、礼貌谦让之精神、自觉守纪之精神、服务奉献之精神"。这些价值观和行为规则在北京松下的发展过程中起到了难以估价的作用，使得中日双方的员工能够始终坚持同舟共济的原则，避免进入合作的"误区"。

培养员工的市场意识也是北京松下企业文化建设的一个重要组成部分。北京松下的员工98%是中方人员，由于受传统经济概念的影响，他们的市场意识都比较淡薄。为了增强员工的市场竞争意识，北京松下在全体员工中加强了市场意识的培训。经过培训后，员工的头脑中逐渐形成了一套市场经济的"船论"；他们把公司比喻成航行在市场经济大海里的船，随时都有遭遇风暴的可能，每个员工都是水手，因而只有团结一致、相互协作，发挥大家的才能，才

---

① 生物谷.松下企业文化的"中国化". BIOONNEWS, 2004-07-29

能够使公司这艘大船乘风破浪，顺利前进。1996年下半年，国内彩管大幅降价，平均每支降价20%，有的品种降幅达40%，全年利润的三分之二是上半年创造的，按照下半年的趋势，即使超负荷运转利润也将降低50%，甚至亏损。在此情形下，北京松下号召全体员工找问题，查原因，调整产品结构，并实施了一系列重大措施，扭转了市场价格变动给企业造成的被动局面。现在，在全体员工的意识中已经逐步形成了市场竞争的概念和运行机制，使得北京松下掌握了市场的主动权，在竞争中充满了生机和活力。北京松下的企业文化建设把育人作为企业的根本任务，努力在员工中树立"自己是本岗位最高的责任者和专家"的意识，"做一流的国际同行业人"已经成为每个员工奋斗的目标。员工们一上班就以自己是本岗位的最高责任者要求自己，全身心投入工作，严格要求每道工序。"下道工序是我的用户""不给别人添麻烦""一切工作质量优先"已经成为员工们的座右铭。员工们还自觉地用三条标准来衡量工作的好坏：一是心情是否愉快，二是干起来是否轻松，三是是否领悟到这项工作的全部要领和技巧。员工积极性的提高不仅推动了企业生产经营任务的完成，还促进了公司技术的革新和改造。仅1995年8月到1996年7月间，员工的合理化建议就有4,148条，直接经济效益达1.3447亿元。

生词

序号	词语	拼音	词性	日语翻译
1	中国化	zhōngguóhuà	形容词	中国化
2	利益	lìyì	名词	利益、メリット
3	文化建设	wénhuà jiànshè	名词	文化創造
4	国有企业	guóyǒu qǐyè	形容词	国有企業
5	全额	quán'é	副词	全額
6	注资	zhùzī	名词	資金注入する
7	任	rèn	動詞	担当する
8	派出	pàichū	動詞	派遣する、任に当たらせる
9	磋商	cuōshāng	動詞	折衝する、協議する
10	因素	yīnsù	名词	要素
11	人和	rénhé	名词	人の和
12	成败	chéngbài	名词	成否、成功と失敗

（续表）

序号	词语	拼音	词性	日语翻译
13	中国特色	Zhōngguó tèsè	名词	中国の特色ある
14	同舟共济	tóngzhōugòngjì	成语	仲間が力を合わせて難関を切り抜ける
15	纲领	gānglǐng	名词	指導原則、大綱
16	精神	jīngshén	名词	精神
17	面红耳赤	miànhóng'ěrchì	成语	顔が真っ赤である
18	难以估价	nányǐ gūjià	形容词	評価が難しい
19	误区	wùqū	名词	誤解、間違った認識
20	市场意识	shìchǎng yìshi	名词	市場に対する意識
21	淡薄	dànbó	动词	薄い、希薄だ
22	被动	bèidòng	名词	受動的、受け身
23	主动权	zhǔdòngquán	名词	主導権
24	岗位	gǎngwèi	名词	職場、ポスト
25	专家	zhuānjiā	名词	専門家
26	座右铭	zuòyòumíng	名词	座右の銘
27	衡量	héngliáng	动词	評価する、判断する
28	积极性	jījíxìng	名词	積極性

专有名词

词语	拼音	日语翻译
松下集团	Sōngxià Jítuán	（社名）パナソニックグループ

案例分析与讨论

一、案例分析

1. 北京松下为什么要"中国化"？

2. 北京松下是怎么样"中国化"的？在"中国化"中遇到了什么问题？又是如何解决的？

3. 根据你所了解的，还有哪些合资企业的本土化建设做得不错的？

4. 如果你想在某国投资，说说你将如何使公司的文化本土化？

二、情景会话

全班学生分成A、B两组，A组代表日本公司，B组代表中国公司，就双方之间的文化差异进行一番讨论。

语言技能练习

一、回答问题

1. 中国特色的企业文化是什么？北京松下是怎么样建设企业文化的？
2. 北京松下的企业价值观是什么？在这个价值观下的企业文化、企业纲领又是什么？
3. 北京松下是怎么样培养员工的市场意识的？
4. "自己是本岗位最高的责任者和专家"是什么意思？这句话在北京松下的企业文化中是如何体现的？

二、选择正确答案

1. 北京松下是以全额注资的方式（中日双方各占50%）共同创建的，具体是怎样做的？（　　）
   A. 董事会由中方任董事长，总经理也是由中方派出
   B. 董事会由日方任董事长，总经理由中方派出
   C. 董事会由中方任董事长，总经理由日方派出
   D. 董事会由日方任董事长，总经理也由日方派出

2. 什么使得中日企业双方能够"同舟共济"？（　　）
   A. 相同的价值观　　　　　　　　　　B. 共同的利益
   C. 共同的企业文化　　　　　　　　　D. 相同的文化背景

3. 什么在北京松下的发展过程中起到了难以估价的作用，避免了许多"误区"？（　　）
   A. 企业的价值观和行为规则　　　　　B. 企业的纲领精神
   C. 企业的发展目标　　　　　　　　　D. 中国特色的企业文化

4. 北京松下的企业文化建设把什么作为企业的根本任务？（　　）
   A. 培养员工的主人翁（zhǔrénwēng 主人公）精神
   B. 培养员工的市场意识
   C. 树立企业的价值观
   D. 树立企业的目标纲领

5. 北京松下员工的座右铭不包括下列哪项？（　　）
   A. 下道工序是我的用户　　　　　　　B. 不给别人添麻烦
   C. 一切工作质量优先　　　　　　　　D. 做一流的国际同行业人

6. 1995年—1996年的一年间，员工提出的合理化建议有多少条？（　　）
   A. 2,487条　　　　　　　　　　　　B. 9,596条
   C. 4,148条　　　　　　　　　　　　D. 1,344条

三、选词填空

①成立　　②调查　　③前提　　④主动　　⑤岗位
⑥积极性　⑦共同　　⑧培训　　⑨口号　　⑩董事会

1. 公司的_____一致认为，注资这个项目是不赚钱，甚至是亏损的。
2. 丰田企业会给新进的员工进行"5S管理法"的_____。
3. A公司让每位员工相信自己，都是自己_____上的主人翁。
4. 为了_____的利益和目标，双方签订了合作协议。
5. 这个决定是经过董事会和股东们的_____和研究得出来的。
6. C公司是由中国和日本的企业共同注资的，在华东某地区_____于1989年。
7. 经过一系列的竞争，我公司掌握了市场_____。
8. "我为公司，公司为我"是某公司员工的_____。
9. 为了增加员工的_____，公司设有很多奖励制度。
10. 员工的服务和贡献，是公司取得成功的不可缺少的_____。

四、用所给句型完成句子

1. 就在于……

    例 北京松下合资成败的关键，其中一个非常重要的因素，<u>就在于</u>能否建立具有中国特色的企业文化。

    (1) 双方能否顺利签订合作协议，_____。
    (2) 公司是否能成功拿到这个项目，_____。

2. 把……作为……

    例 北京松下的企业文化建设<u>把</u>育人<u>作为</u>企业的根本任务，努力在员工中树立"自己是本岗位最高的责任者和专家"的意识。

    (1) 每个公司都有自己的企业目标，A公司_____
    (2) E公司很重视员工的考核和个人发展，_____

3. 为了……加强了……

    例 <u>为了</u>增强员工的市场竞争意识，北京松下在全体员工中<u>加强了</u>市场意识的培训。

    (1) _____，学校对学生加强了节约每一滴水、每一粒粮的专题教育。
    (2) _____，有关部门加强了对产品检测的力度。

4. 仅……就……

    例 <u>仅</u>1995年8月到1996年7月间，员工的合理化建议<u>就</u>有4,148条，直接经济效益达1.3447亿元。

    (1) 广告播出后仅一个月，_____。
    (2) 仅二、三两个车间的产量，本季度_____。

五、用所给句型改写句子

1. 在……前提下

   例 <u>在</u>坚持"同舟共济"这一企业价值观的<u>前提下</u>，北京松下制定了具体的公司纲领、目标和企业精神。

   (1) 每个公司都有一套严格的录取制度，要先进行笔试，笔试通过后才有面试的机会。
   _____。

   (2) 由于神舟电脑具有创新技术和产品，使得神舟电脑在日本终于站稳了脚跟。
   _____。

2. 不仅……还……

   例 员工积极性的提高<u>不仅</u>推动了企业生产经营任务的完成，<u>还</u>促进了公司技术的革新和改造。

   (1) 欧姆龙公司不但一直致力于社会公益事业，而且为了帮助残疾人，成立了为残疾人提供就业机会的公司。
   _____。

   (2) 日本丰田的"5S管理法"提高了员工的办事效率，也教会新进员工事半功倍的道理。
   _____。

巩固与扩展

一、听力理解

1. 日企在中国的业绩上升加速日本制造业向中国转移 🎧 08-01

关键词语

1	全线	quánxiàn	全体、全戦線
2	逆势	nìshì	逆行する
3	自救	zìjiù	自分を救う
4	有望	yǒuwàng	希望がある、〜と見込まれる
5	届时	jièshí	その時になると
6	迟滞	chízhì	停滞する
7	累计	lěijì	累計
8	本部	běnbù	本部
9	困境	kùnjìng	苦境
10	让步	ràngbù	譲歩

（续表）

11	下滑	xiàhuá	下落する
12	结盟	jiéméng	同盟を結ぶ
13	开价	kāijià	値段をつける

选择正确答案

(1) 夏普（中国）2011年的市场总销售额中中国市场占比是多少？ （　）
　　A. 37.9%　　　　　　　　　　　B. 600亿
　　C. 1.6万亿　　　　　　　　　　D. 34万亿

(2) "救命稻草"指的是什么？ （　）
　　A. 夏普（中国）在中国市场有望实现600亿元的销售额
　　B. 松下、索尼、夏普三大电子企业在2011年亏损总额达1.6万亿日元
　　C. 日元升值、劳工保护等"六重苦"
　　D. 电子企业全线陷入赤字

(3) 夏普在无锡设立的是什么事业本部？ （　）
　　A. 健康环境　　　　　　　　　B. 液晶系统
　　C. 电子元器件　　　　　　　　D. 空调部件

(4) 夏普与鸿海联手希望得到什么公司的业务？ （　）
　　A. 三星　　　　　　　　　　　B. 松下
　　C. 索尼　　　　　　　　　　　D. 苹果

(5) 在新一轮的产业转移中，为什么说日本企业不得不对它们的合作者做出更多让步？ （　）
　　A. 因为日本公司产品质量出了问题　　B. 因为合作者拥有更多主动权
　　C. 因为日本公司想主动让利　　　　　D. 因为合作者重新"开价"

2. 博世开始重视中国的商用车市场　08-02

关键词语

1	商用车	shāngyòngchē	商用車
2	低迷	dīmí	低迷する
3	成熟	chéngshú	成熟する
4	进展	jìnzhǎn	進展する、発展する
5	盈利	yínglì	利益、儲け
6	排放	páifàng	排出する

（续表）

7	推迟	tuīchí	遅らせる
8	颁布	bānbù	公布する
9	预计	yùjì	予想する
10	份额	fèn'é	シェア
11	耽搁	dān'gē	(計上が)遅れる、滞る

选择正确答案

(1) 根据Bohr的说法，目前机动车产业的经营情况如何？　　　　　　　　　　　　　（　　）
  A. 发展中国家市场好于发达国家市场　　B. 发达国家市场好于发展中国家市场
  C. 都不景气　　　　　　　　　　　　　D. 都很好

(2) 博世不得不承担商用车损失的原因是什么？　　　　　　　　　　　　　　　　　（　　）
  A. 在中国市场进展过于迅速　　　　　　B. 在中国市场进展过于缓慢
  C. 在西欧市场发展过快　　　　　　　　D. 在北美市场发展过于缓慢

(3) 博世目前的销售额主要来自哪个部门？　　　　　　　　　　　　　　　　　　　（　　）
  A. 汽车技术事业部　　　　　　　　　　B. 商用车事业部
  C. 西欧和北美事业部　　　　　　　　　D. 亚洲事业部

(4) 目前博世的中国用户大概有多少？　　　　　　　　　　　　　　　　　　　　　（　　）
  A. 50%　　　　　　　　　　　　　　　 B. 40%
  C. 60%　　　　　　　　　　　　　　　 D. 20%

(5) 博世在中国需要面对的挑战是哪个？　　　　　　　　　　　　　　　　　　　　（　　）
  A. 资金短缺　　　　　　　　　　　　　B. 废气的排放
  C. 法律的延迟颁布　　　　　　　　　　D. 结构的调整

二、扩展阅读

1. 日本UCC公司明年起将在上海生产零售商品[①]

据《神户新闻》12日报道，总部位于日本神户市的UCC上岛咖啡公司（简称：UCC公司）2012年1月起将正式在华开展咖啡生产与销售业务。UCC公司的上海工厂此前仅负责生产业务批发类商品，今后还将生产面向家庭的零售商品。中国的咖啡市场需求正日益增长，UCC公司争取2015年的在华销售额达到30亿日元（约合人民币2.5亿元）。

---

① 日本UCC上岛咖啡明年起将在上海生产. 人民网，2011-10-13

位于上海市松江区的UCC工厂曾为东京的UNICAFE公司所有，UCC于2009年收购该公司后继续以UNICAFE的品牌从事业务批发类商品的生产。迄今为止，UCC公司在中国市场销售的家庭用咖啡均由日本工厂生产。UCC公司的上海工厂预计将于年内获得家庭用咖啡的商品生产许可证，相关食品安全的国际认证业已获批，UCC公司将借此全面打造公司品牌，业务批发类商品也将与家庭用商品一起以UCC品牌进行生产与销售。美国咖啡巨头星巴克等公司已进军中国市场，今后中国的咖啡市场规模将以每年1.5倍的速度增长。UCC公司表示："我们的优势是从生产至销售全线亲力亲为，希望通过宣传品质加强业务。"

关键词语

1	神户新闻	Shénhù Xīnwén	(社名)神戸新聞
2	报道	bàodào	報道
3	正式	zhèngshì	正式に、本格的に
4	负责	fùzé	責任を負う、担当する
5	销售额	xiāoshòu'é	販売額、売上高
6	达到	dádào	達する
7	生产许可证	shēngchǎn xǔkězhèng	生産許可証
8	认证	rènzhèng	認証
9	业已	yèyǐ	すでに
10	进军	jìnjūn	進軍する、進出する
11	亲力亲为	qīnlì qīnwéi	ひとりで全ての仕事をやる
12	宣传	xuānchuán	宣伝する

问题

(1) UCC公司的上海工厂今后将在中国扩展哪方面的业务

(2) UNICAFE品牌原来是哪里的？UNICAFE公司被收购后是如何发展的？

(3) 你觉得今后中国的咖啡市场的发展前景如何？

2. 和诚开拓企业文化[①]

日立数字映像（中国）有限公司有四个重要流程：开发、制造、销售、服务，总经理的重要工作就是使这四个组织间不要出现壁垒。"组织间壁垒"很多时候是来源于每个人的面子问题，由于在意面子，员工在工作中经常处于一种戒备状态，不能与其他部门的同事进行有效的沟通。与日本人相比，中国人对面子的注重程度更高，因此公司在整个运营中有必要重视员工的面子问题。具体来说，就是一旦发现问题，在追究问题的过程中并不是指责当事人，而是让他自己思考"怎样做才有利于解决问题"，这样既不会让当事人觉得丢面子，也有利于解决问题。在这个解决问题的过程中让员工感受到责任感和协调性，让每一位员工树立团结一致的精神。日立数字映像（中国）有限公司亦有自己的精神，这个精神就是"和、诚、开拓者精神"。员工在日常工作中要做到5S，即"整理、整顿、清扫、清洁、教养"这5个词的简称，因为在日语中这5个词的发音都是以S开头的，有些人可能会以为这些都是很微不足道的事情，但通过这些方面的提高，公司员工的整体素质会有提高，也更有利于企业的成长。

日立数字映像（中国）有限公司在企业管理方面最有特点的是开会时所有与会人员站在电子白板前，先让他们在最短的时间内进行沟通、讨论，并抓住问题的根本所在，然后得出结论。力求只讲问题的本质，摒弃无用的争论，在最短的时间内解决问题，并制定今后开展工作的有效方案。"站立式开会"这种形式，由于文化的差异，大家一开始也不适应，但是这样可以养成简洁的习惯，节省时间并提高效率。现在整个日立数字映像（中国）有限公司的干部们都已经非常习惯站立式开会这种方式了，也确实体会到效率的提高。

关键词语

1	开拓	kāituò	開拓する
2	壁垒	bìlěi	陣営、対立する勢力
3	在意	zàiyì	気にする
4	戒备	jièbèi	警戒する
5	一旦	yídàn	いったん
6	指责	zhǐzé	非難する、責める
7	当事人	dāngshìrén	当事者

[①] 和诚开拓平板电视. 新浪财经，2007-10-25

（续表）

8	丢面子	diūmiànzi	メンツを失う
9	整顿	zhěngdùn	整頓
10	教养	jiàoyǎng	しつけ
11	微不足道	wēibùzúdào	取るに足らない
12	摒弃	bìngqì	排除する、捨てる
13	体会	tǐhuì	理解する、体得する

问题

(1) 由于员工在意面子，工作中会出现什么问题？

(2) 日立数字映像（中国）有限公司的管理者是如何解决员工在工作中出现的问题的同时又顾及其面子的？

(3) 日立数字映像（中国）有限公司"站立式开会"方式有什么作用？

三、根据情景写一段话

1. 请用"关键""人和""协调""建立""文化"等词语说说建立具有中国特色企业文化的重要性。

2. 用"摩擦""争执""面红耳赤""相互攻击""同舟共济"等词语说说员工之间发生矛盾及解决问题的情形。

3. 用"树立""意识""目标""要求""座右铭"等词语说说北京松下是如何培养员工的责任意识的。

四、调查任务

走访你所熟悉的两家企业，对比一下两家企业的文化建设有哪些特点。

五、写作

企业的文化建设与企业的发展有哪些密切的联系？试通过具体的实例写一篇议论文，要求观点鲜明，主题突出。

第9课

日本汉方药龙头企业的经营启示

课前热身

1. 你的国家有中医吗？你吃过中药吗？
   あなたの国には漢方医はいますか。あなたは漢方薬を飲んだことがありますか。

2. 说说中药和西药在治疗疾病的方法及疗效上有什么不同。
   漢方薬と西洋薬が病気の治療、また効果がどのように違うかを説明してください。

3. 你了解的比较大的中药企业有哪些？简单说说这些企业的经营情况及遇到的主要问题。
   あなたが知っている比較的大きな漢方薬の企業はどこですか。それらの企業の経営状態と抱えている主な問題点を簡単に説明してください。

第9课 日本汉方药龙头企业的经营启示

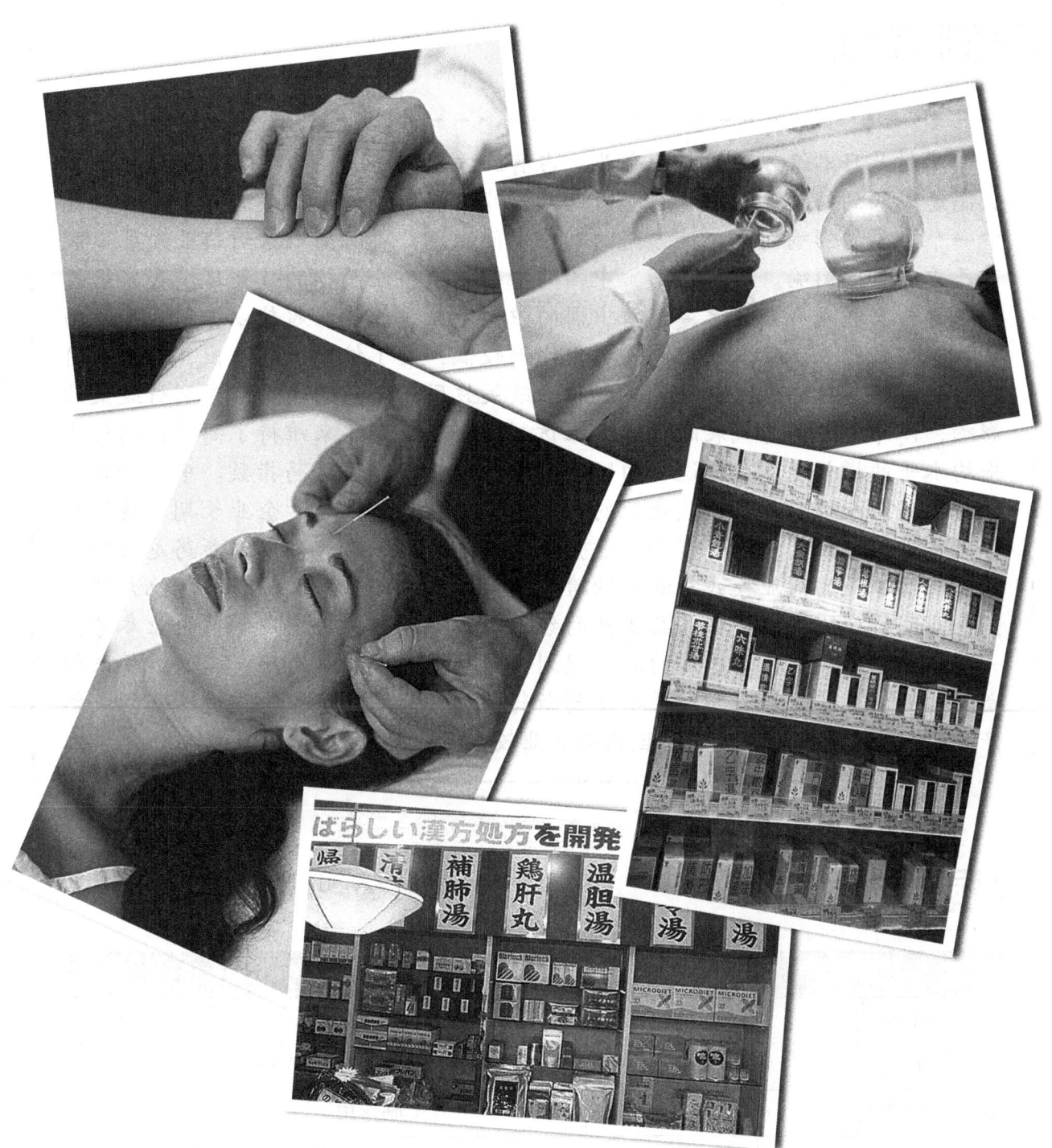

图片来源：http://image.baidu.com/search/detail?ct=503316480&z

案例背景

近几十年，日本的汉方药企业经历了一个曲折的发展过程，汉方药的副作用问题成为干扰行业发展的主要负面因素。政府在降低药价外，还推出一系列的政策，鼓励仿制药的使用，以泽井制药为代表的日本本土企业维持了高于行业平均水平的增长速度。中国企业应从日本企业的发展过程中寻找启示，着眼于长远，及时引进先进国家的成熟产品，走适合中国国情的医药发展的道路。

案例正文

津村是日本汉方药的龙头企业，占有汉方处方药80%的市场。近30年来，从高速成长到销量下滑，再到缓慢回升，津村经历了过山车般的发展历程。其中一个重要的影响因素是汉方药的副作用问题，一段时间以来对行业发展造成了严重的负面影响。相比之下，中国的中药制造企业面临的政策环境和市场规模都更为有利。有人预言，未来中国的中药企业将能全面超越以津村为代表的日本汉方药企业。日本的仿制药使用比例较低，为了控制医药支出，日本政府除了持续不断地降低药价之外，还推出政策鼓励仿制药的使用。受利好政策的影响，以泽井制药为代表的日本本土仿制药企业，近年来维持了高于医药行业平均水平的增长速度，在过去的10年其股价大幅跑赢了医药指数。中国和日本的仿制药企业很多具有家族企业的色彩，虽然这种现象对于企业长期发展的利弊见仁见智，但是投资者需要注意企业的内控管理风险。日本创新药龙头企业武田药品工业的商业模式与欧美的跨国制药巨头类似，也面临着与其他大型制药企业同样的困境。武田药品工业的经验教训有两点值得中国制药企业参考：一是企业应有预见性和长远的战略规划，并及早进行战略布局；二是近年来创新药的开发效率降低。相对于研发创新药，利用后发优势，将先进国家的成熟产品引进到中国市场，这是中国医药企业较为现实的发展策略。

生词

序号	词语	拼音	词性	日语翻译
1	汉方药	hànfāngyào	名词	漢方薬
2	龙头	lóngtóu	名词	トップ、リーダー
3	副作用	fùzuòyòng	名词	副作用
4	仿制药	fǎngzhìyào	名词	後発医薬品、ジェネリック薬
5	行业	hángyè	名词	業界
6	维持	wéichí	動詞	維持する
7	占有	zhànyǒu	動詞	占有する、保有する
8	高速	gāosù	形容詞	急速な

---

① 沙江.医药行业：日本医药企业案例分析.莫民塔机构研报，2010-07-29

（续表）

序号	词语	拼音	词性	日语翻译
9	缓慢	huǎnmàn	形容词	ゆっくりした
10	回升	huíshēng	動詞	（下落後）再び上昇する
11	过山车	guòshānchē	名詞	ジェットコースター
12	历程	lìchéng	名詞	過程、道のり
13	预言	yùyán	名詞	予言する
14	超越	chāoyuè	動詞	超越する、超える
15	控制	kòngzhì	動詞	抑える、コントロールする
16	利好	lìhǎo	形容詞	有利な、プラスの
17	跑赢	pǎoyíng	動詞	（株式が）急騰する
18	指数	zhǐshù	名詞	指数、インデックス
19	见仁见智	jiànrénjiànzhì	名詞	同じ物でも人によって見方が違う
20	类似	lèisì	形容詞	似ている
21	参考	cānkǎo	動詞	参考にする
22	布局	bùjú	名詞	配置、構成、組み立て
23	后发	hòufā	形容詞	後発の
24	引进	yǐnjìn	動詞	導入する
25	较为	jiàowéi	副詞	比較的……だ
26	现实	xiànshí	名詞/形容詞	現実、現実的な

专有名词

序号	词语	拼音	日语翻译
1	泽井制药	Zéjǐng Zhìyào	（社名）沢井製薬
2	津村	Jīncūn	（社名）ツムラ
3	武田药品工业	Wǔtián Yàopǐn Gōngyè	（社名）武田薬品工業

案例分析与讨论

一、案例分析

1. 津村是日本汉方药的龙头企业，谈谈你对它的了解。

2. 日本汉方药企业和中国的中药企业相比，在经营和发展上有哪些值得学习和借鉴的地方？

3. 引进先进国家的成熟新药技术和自主开发新药各有哪些利弊?

二、情景会话

两人一组，一位同学扮演记者，另一位同学扮演日本汉方药企业的管理者。会话内容包括：（1）记者来采访日本汉方药企业的管理者，想了解一下日本汉方药的发展史，以及中国中药企业与日本汉方药企业所面临的政策和市场环境有什么不同。（2）日本汉方药企业的管理者给记者介绍自己公司的发展史，以及制药企业之间的合作与竞争方面的情形。

语言技能练习

一、回答问题

1. 什么叫龙头企业？说说你所知道的日本药品制造业的龙头企业都有哪些？
2. 为什么说"津村经历了过山车般的发展历程"？
3. 泽井制药为什么能得到较好的发展，取得好的收益？
4. "未来中国的中药企业将全面超越以津村为代表的日本汉方药企业"的依据是什么？
5. 什么是中国医药企业较为现实的发展策略？

二、选择正确答案

1. 日本汉方药的龙头企业是下列哪家？ （ ）
   A. 武田　　　　　　　　　　　B. 津村
   C. 泽井　　　　　　　　　　　D. 修正

2. 为了控制医药支出，日本政府的做法不包括下列哪项？ （ ）
   A. 注意内控管理风险　　　　　B. 持续不断降低药价
   C. 推出政策鼓励仿制药的使用　D. 推出了利好政策

3. 泽井制药是一家什么的公司？ （ ）
   A. 日本本土研发药企业　　　　B. 中国本土汉方药企业
   C. 日本仿制药企业　　　　　　D. 日本创新药企业

4. 与欧美制药企业商业模式比较类似的日本制药企业是哪家？ （ ）
   A. 津村制药　　　　　　　　　B. 泽井制药
   C. 武田制药　　　　　　　　　D. 文中没说

5. "过去的10年该公司的股价大幅跑赢了医药指数"指的什么意思？ （ ）
   A. 该公司股价的上升幅度高出医药指数的上升幅度很多
   B. 股价的上升幅度低于医药指数的上升幅度很多
   C. 该公司的股价的上升幅度略高于医药指数
   D. 股价的上升幅度略低于医药指数

6. 中国医药企业较为现实的发展策略是什么？　　　　　　　　　　　　（　　）
   A. 加强创新药的开发　　　　　　　　B. 加大医药卫生的支出
   C. 发展仿制药的家族企业　　　　　　D. 引进先进国家的成熟产品

三、选词填空

| ①预言 | ②份额 | ③改变 | ④负面 | ⑤见仁见智 |
| ⑥局面 | ⑦维持 | ⑧支持 | ⑨副作用 | ⑩理念 |

1. 对于会议上提出的新的管理方法，大家的看法_____。
2. 销售部小李的方案受到了同事们的_____与帮助。
3. 自创业以来，这家公司一直以"为消费者服务"为自己的经营_____。
4. 近年来，该公司的家电产品销量一直_____在25%左右。
5. 对于国产动漫来说，在本土站稳脚跟，扩大市场_____并积极向外拓展，发展还需要经历漫长的时间。
6. 公司进入缓慢发展时期的一个重要原因是该制度的_____影响越来越大。
7. A公司市场部部长_____："在未来几年内，我们将取代B公司，成为行业的龙头企业"。
8. 该制药公司的总裁对外保证，他们公司生产的药品绝对没有_____。
9. 由于没有做好前期的市场调查，该企业现在面临着销售下滑的_____。
10. 该公司的新产品上市大大_____了以往的销售情况。

四、用所给句型改写句子

1. 其中一个……

   例 其中一个重要的影响因素是汉方药的副作用问题，一段时间以来对行业发展造成了严重的负面影响。

   (1) 近年来，公司进入了高速发展时期，公司内部政策制度的调整与完善是主要原因。
   　　_____。

   (2) 丰田鼓励员工的方式有很多，如给员工办理健身卡等。
   　　_____。

2. 相比之下……

   例 相比之下，中国的中药制造企业面临的政策环境和市场规模都更为有利。

   (1) 销售部的小张能力有限，而小李更具备作为带头人的素质。
   　　_____。

   (2) A公司的产品不但没有价格优势，市场占有率也不高，而B公司更有能力赢得这个项目。
   　　_____。

3. 除……之外

   例 为了控制医药卫生支出，日本政府除了持续不断降低药价之外，还推出政策鼓励仿制药的使用。

   (1) 我们公司不但在产品上进行不断研发、创新，还关注市场的需求，以达到内外共同发展的目的。
   _____。

   (2) 很多原因造成了A公司的倒闭，管理者的经营不善便是其中之一，公司的员工不团结、其他公司的打击等都加速了它的倒闭。
   _____。

4. 受……的影响

   例 受利好政策的影响，以泽井制药为代表的日本本土仿制药企业，近年来维持了高于医药行业平均水平的增长速度，在过去的10年其股价大幅跑赢了医药指数。

   (1) 公司上个季度的盈利，鼓舞了股市众多散户的信心，今天收盘前公司股票的成交指数急剧上升。
   _____。

   (2) 短时间内这一带受副热带高气压的控制，天气一直比较炎热。
   _____。

五、用所给句型完成句子

1. 为了……

   例 为了控制医药卫生支出，日本政府除了持续不断降低药价之外，还推出政策鼓励仿制药的使用。

   (1) _____，我们公司研发了新的电子产品，并计划今年年底将它推向市场。
   (2) _____，我们公司被迫与A公司签订了合作协议。

2. 值得

   例 武田药品工业的经验教训有两点值得中国制药企业参考：一是企业应有预见性和长远的战略规划，并及早进行战略布局；二是近年创新药的开发效率降低。

   (1) A公司有着丰富的海外营销经验，其特有的多元文化也是我公司向它学习的重要原因。
   _____。

   (2) 会议上，小李提出的年度会议方案不但以公司文化为主题，还融入了员工文化，具有创新性，获得了董事会的肯定。
   _____。

巩固与扩展

一、听力理解

1. 日本医药企业大力开拓中国市场 🎧 09-01

关键词语

1	年均	niánjūn	年平均
2	金融危机	jīnróng wēijī	金融危機
3	一蹶不振	yìjuébúzhèn	再起不能
4	经营	jīngyíng	経営
5	推出	tuīchū	世に出す、リリースする
6	主打	zhǔdǎ	主力の、メインの
7	治疗	zhìliáo	治療する
8	尿频	niàopín	頻尿
9	失禁	shījìn	失禁
10	疾病	jíbìng	疾病、病気
11	整体	zhěngtǐ	全体の
12	痴呆症	chīdāizhèng	認知症
13	半成品	bànchéngpǐn	半製品
14	装箱	zhuāngxiāng	箱詰めする、パッケージする
15	供应	gōngyìng	供給、サプライ

选择正确答案

(1) 中国医药品市场增长的主要原因是什么？　　　　　　　　　　　　　　　　　（　　）
　　A. 人口数量的增长及人均收入水平的提高　　B. 产品品种的增加
　　C. 医药产品价格的下降　　　　　　　　　　D. 医生人数的增加

(2) 过去全球第二大医药市场的国家是哪个？　　　　　　　　　　　　　　　　　（　　）
　　A. 美国　　　　　　　　　　　　　　　　　B. 中国
　　C. 日本　　　　　　　　　　　　　　　　　D. 泰国

(3) "一蹶不振"的"蹶"大概是什么意思？　　　　　　　　　　　　　　　　　（　　）
　　A. 昏厥　　　　　　　　　　　　　　　　　B. 跌倒
　　C. 掘取　　　　　　　　　　　　　　　　　D. 缺席

(4) 下列哪个词语跟文中"主打"一词的意义最为接近？ （   ）
　　A. 摔打　　　　　　　　　　　　B. 打击
　　C. 主要　　　　　　　　　　　　D. 主动

(5) "卫喜康"主要治疗什么方面的疾病？ （   ）
　　A. 神经病变　　　　　　　　　　B. 尿频
　　C. 老年痴呆　　　　　　　　　　D. 胃病

2. 日本的汉方医药简介 09-02

关键词语

1	发达	fādá	発達している
2	医师	yīshī	医師
3	针灸	zhēnjiǔ	鍼灸
4	肩周炎	jiānzhōuyán	肩関節周囲炎
5	类风湿	lèifēngshī	リウマチ
6	内科	nèikē	内科
7	康复科	kāngfùkē	リハビリテーション科
8	制剂	zhìjì	製剤
9	临床	línchuáng	臨床
10	门诊	ménzhěn	外来診療
11	住院	zhùyuàn	入院
12	课程	kèchéng	課程、カリキュラム
13	试题	shìtí	試験問題
14	草药	cǎoyào	草薬、生薬
15	医疗保险	yīliáo bǎoxiǎn	医療保険
16	递增	dìzēng	少しずつ増加する

选择正确答案

(1) 从文中可以推测日本中医师从何而来？ （   ）
　　A. 从中国引进　　　　　　　　　B. 专门的中医药大学培养
　　C. 从西医学的大学中培养　　　　D. 从美国的大学中培养

(2) 下列哪种病最有可能用中医的方法治疗？ （   ）
　　A. 糖尿病　　　　　　　　　　　B. 肩周炎
　　C. 心脑血管病　　　　　　　　　D. 肺结核

(3) 据调查，日本大约有百分之多少的医师在部分内科、康复科等的治疗中也使用汉方药制剂的方法？　　　　　　　　　　　　　　　　　　　　　　　　　　　　　　（　　）
　　A. 50%　　　　　　　　　　　　　　　B. 20%
　　C. 15%　　　　　　　　　　　　　　　D. 60%

(4) 日本政府规定从哪年开始所有的医学院校必须开设汉方医药的课程？　　　（　　）
　　A. 2006年　　　　　　　　　　　　　　B. 2004年
　　C. 2000年　　　　　　　　　　　　　　D. 2001年

(5) 近几年日本处方用汉方药市场的年增长率是多少？　　　　　　　　　　　（　　）
　　A. 50%　　　　　　　　　　　　　　　B. 60%
　　C. 20%　　　　　　　　　　　　　　　D. 15%

二、扩展阅读

1. 日本优衣库与中国企业一起成长[①]

"中国市场现在是全世界最值得期待的市场。我们公司是伴随着中国工厂一起成长壮大的。"以生产优衣库等时尚品牌服装为主的日本迅销集团总裁柳井正日前在接受新华社记者专访时这样说。

回顾近年来迅销集团走过的路程，柳井正坦言，公司的成长与中国工厂的成长密不可分。他说："以前我们委托中国厂家生产，但那时生产出来的产品不像现在质量这么高。后来我们向中国工厂派遣了生产、质量和工厂管理方面的专业人才和经营者进行指导，产品质量有了明显改善。"优衣库计划未来10年在中国开设1,000家店，不光是沿海城市，还要开拓到内陆城市，让每个中国大城市都拥有优衣库的店铺。

近年来，迅销集团不断扩展全球市场，在伦敦、上海、纽约、巴黎、首尔等国际大城市纷纷开设旗舰店。在进军海外市场时，迅销集团克服了诸多困难。对此，柳井正结合自身经验对中国企业开拓日本市场给出了建议："我之所以在中国取得成功，主要得益于找到了很好的中国合作伙伴。因此，中国企业在进入日本市场时，必须找到值得信赖和交往的人作为合作伙伴，并和这些人成为'命运共同体'"。

近期，欧债危机使投资者纷纷将日元作为主要避险币种，导致日元持续大幅升值。今年以来，日本政府已三次干预汇市，但美元对日元汇率仍然不见明显回升，始终在1比77左右的相对低位徘徊。针对日元升值，柳井正表示，如果海外有好的企业，公司愿意并购，但前提是要有共通的企业文化。目前迅销集团在欧洲、美国等已经有了初步的并购计划。

近年来日本企业整体业绩不尽如人意，对此柳井正认为，日本企业有必要

[①] 郭一那，马杰. 日本优衣库总裁柳井正：与中国企业一起成长. 人民网，2011-11-18

向韩国企业学习。"家电行业中索尼、松下等以前完全超越韩国企业,但现在与韩国的三星、LG相比,已经处于下风,这两家日本企业都是亏损的。在亚洲市场整体壮大、全球市场越来越自由化的大背景下,很多日本企业亏损,让人难以理解。韩国的三星曾经认真研究过索尼、松下的成功经验,但从来没听说日本企业反过来研究韩国企业的成功经验。不谦虚、实事求是地向比自己强的企业学习是不行的。"

为了成为真正的全球化企业,迅销集团东京本部的工作语言将从日语改为英语,而且公司还要求被派遣到中国的日籍员工在一年内必须达到用汉语自如交流的程度。

对于日本今后的经济发展,柳井正也流露出了担忧。"纵观亚洲各国,大多数还对未来抱有饥饿感,日本应该向这些国家学习,重新找回饥饿感。否则日本将沦为一个贫穷的岛国。"

柳井正的父亲柳井等在1949年创立了小郡商事,主营男装。在接手父亲的事业多年后,柳井正于1984年在广岛开设了Unique Clothing Warehouse,即优衣库品牌的前身。1991年公司正式改名为Fast Retailing(迅销),年销售额也从1984年的14亿日元(约合1,818万美元)激增到2011年的8,203亿日元(约合107亿美元)。优衣库目前在全球拥有直营店铺2088家。

关键词语

1	成长	chéngzhǎng	成長
2	专访	zhuānfǎng	単独インタビュー
3	回顾	huígù	振り返る
4	密不可分	mì bù kě fēn	切っても切れない
5	委托	wěituō	委託する
6	派遣	pàiqiǎn	派遣する
7	改善	gǎishàn	改善する
8	旗舰店	qíjiàndiàn	フラッグシップショップ
9	诸多	zhūduō	たくさんの
10	投资者	tóuzīzhě	投資家
11	币种	bìzhǒng	通貨の種類
12	汇率	huìlǜ	為替レート
13	并购	bìnggòu	合併買収、M&A

（续表）

14	共通	gòngtōng	共通の
15	实事求是	shíshìqiúshì	事実に基づいて真実を求める
16	饥饿感	jī'ègǎn	飢餓感、ハングリーさ
17	直营	zhíyíng	直営

问题

(1) 为什么说迅销集团的成长与中国工厂的成长密不可分？

(2) 什么是"命运共同体"？优衣库柳井正想找什么样的人作为合作伙伴？

(3) 对于近年来日本企业整体业绩不尽如人意的现象，迅销集团采取了什么样的措施？

(4) 欧债危机给日本企业直接的影响是什么？为什么柳井正认为日本企业要找回失去的饥饿感？

(5) 从日本品牌企业优衣库的发展和成长中，可以得到哪些启示？

2. 仿制药时代的来临①

据统计，2011年全球医药市场销售规模达到了9,500亿美元，预计2015年将达到1.1万亿美元，市场增长速度有望达到3%—6%。未来5年里，世界医药市场增长的驱动因素及增长领域将会发生巨大变化。无论是发达国家还是发展中国家的市场，仿制药都将是市场的主体，其增长速度将快于原研药市场。新兴市场依然可以保持两位数以上的增长，总体复合增长为13%—16%。中国市场的复合增长则将达到16%—19%，巴西为12%—15%，俄罗斯为11%—14%，印度为14%—17%。相比之下，发达国家市场已经日渐式微了。预计2011年—2015年，发达国家医药市场复合增长率只有1%—4%，其中美国为1%—4%，日本是2%—5%，德国是1%—4%，而法国、意大利、加拿大、西班牙、英国都处于负增长的状态中。2010年—2015年，美国与欧洲5国市场份额由53%下降到了45%，新兴医药市场国家市场份额由19%增长到29%。

在发达国家市场上，专利药的复合年平均增长率为5%，而仿制药达到了8%；在新兴市场上，专利药的增长速度为12%，而仿制药为17%。市场的主要驱动力是中国及其他新兴医药市场，而治疗药物也将走向生物制剂、注射剂等更符合治疗细分的产品，消化道和新陈代谢、心血管系统是近期潜力最大的领域，抗肿瘤药和免疫调节剂、神经系统、血液和血液形成器官有望成为远期潜力较大的领域，这些领域已经成为企业抢先仿制畅销专利药物的重点领域。

---

① 贾岩. 中国制药企业迎来仿制药的最好时代. 中国医学报，2012-08-12

关键词语

1	驱动	qūdòng	駆り立てる
2	主体	zhǔtǐ	主要部分
3	原研药	yuányányào	先発医薬品
4	复合增长	fùhé zēngzhǎng	複合成長
5	日渐式微	rìjiàn shìwēi	日ごとに廃れる
6	负增长	fùzēngzhǎng	マイナス成長
7	药物	yàowù	薬、薬物
8	符合	fúhé	合致する、適合する
9	免疫	miǎnyì	免疫
10	仿制	fǎngzhì	模倣する、模造する

问题

(1) 未来全球医药市场的发展前景如何？

(2) 为什么新兴国家的医药市场发展前景要好于发达国家？

(3) 未来仿制药发展的重点领域在哪些方面？

(4) 与"日渐式微"相近似的词语有哪些？

三、根据情景写一段话

1. 请用"销量下滑""缓慢回升""过山车"之类的词语，说说津村在发展中遇到的具体问题。

2. 比较泽井制药和武田药品工业两家公司在经营理念、经营方式、经营业绩等方面的不同，请使用"类似""面临""值得参考"之类的词语，谈谈从中能受到什么样的启示。

3. 假如你准备投资建造一家制药厂，试分析一下你准备从哪些方面去做，要考虑哪些重要的因素？请使用"除……之外""不但……而且……"之类的句式。

四、调查任务

在你所熟悉的人中就下列问卷进行调查，然后再进行讨论。

1. 你一般在什么情形下去看中医？　　　　　　　　　　　　　（　　）[多选]
　　A. 感冒的时候　　　　　　　　　　B. 得急性病的时候
　　C. 得慢性病的时候　　　　　　　　D. 得重病的时候

2. 在下列哪个国家更流行用中医治疗? （　）[单选]
   A. 巴西　　　　　　　　　　　　　B. 韩国
   C. 南非　　　　　　　　　　　　　D. 法国

3. 仿制药的最大好处是什么? （　）[单选]
   A. 提高了药品的价格　　　　　　　B. 降低了药品的价格
   C. 保证了药品的质量　　　　　　　D. 提高了厂家的利润

4. 最早做浓缩汉方制剂的是日本哪家公司? （　）[单选]
   A. 小太郎汉方制药公司　　　　　　B. 佐川制药有限公司
   C. 腾泽药品有限公司　　　　　　　D. 安斯太汉方制药有限公司

5. 你朋友中平时服用汉方药的人大概有多少? （　）[单选]
   A. 不足10%　　　　　　　　　　　B. 40%左右
   C. 70%左右　　　　　　　　　　　D. 90%以上

6. 中国现存最早的药物学专著是下列哪本书? （　）[单选]
   A. 《本草纲目》　　　　　　　　　B. 《伤寒论》
   C. 《千金方》　　　　　　　　　　D. 《神农本草经》

7. 日本的武田药品工业是一家什么样的医药公司? （　）[多选]
   A. 创新型　　　　　　　　　　　　B. 科研型
   C. 仿制型

8. "见仁见智"在汉语中常用来表示什么意思? （　）[单选]
   A. 各人看法不同　　　　　　　　　B. 发表聪明的意见
   C. 发挥仁爱之心

五、写作

医药公司如何处理好产品的研发与仿制之间的关系？试写一篇报告，谈谈你自己的看法。

第 10 课

普利司通计划在2050年前轮胎原料全部采用可再生资源

课前热身

1. 你知道普利司通公司是一家什么样的公司?
   あなたは、ブリヂストンがどんな会社か知っていますか。

2. 什么叫可持续发展？什么叫可再生资源？
   持続可能な発展とは何ですか。再生可能資源とは何ですか。

3. 说说你周边由天然橡胶制成的产品。
   あなたの周囲の天然ゴムで作られた製品を言ってください。

第10课 普利司通计划在2050年前轮胎原料全部采用可再生资源

图片来源：http://image.baidu.com/search/index?tn=baiduimage&ipn

案例背景

随着全球工业化进程的加快，资源与发展的矛盾正变得越来越突出。普利司通计划将公司的轮胎原料由石化资源全部转换成可再生资源：一是将栽培生长于干旱地带及温带地区的植物用作新型可再生技术的能源；二是利用原材料合成技术推进将以往的石化资源转换成可再生资源，从而达到未来石化原料使用为零的目标。

案例正文[①]

　　日本普利司通公司发布了"在2050年前轮胎原料全部由石化资源转换成可再生资源技术",该技术名为"100%可持续发展材料化"。该公司除了正在使天然橡胶产地实现多样化,促进在热带以外的其他地区栽培作为橡胶资源的植物,还在推进开发利用生物质资源生产目前利用原油制造的合成橡胶、强化材料及配合材料的技术,加快实用化进程。

　　关于天然橡胶,普利司通将确立栽培生长于干旱地带及温带地区的植物用作新型可再生资源的技术,以缓解产地集中的情况。研究对象包括枝干等处含有天然橡胶、原产于美国西南部到墨西哥北部干旱地带的灌木"银胶菊",以及根部含有天然橡胶、原产于哈萨克斯坦和乌兹别克斯坦的多年草本植物"俄罗斯蒲公英"。

　　普利司通还利用原材料合成技术推进将以往的石化资源转换成可再生资源。合成橡胶将采用源于生物质的材料,作为主原料的"丁二烯"则采用源于生物资源的生物乙醇,使轮胎变黑的强化材料"炭黑"则以植物油脂为原料油,并且还将利用生物质开发新型高性能橡胶材料。

　　以前在轮胎原料中,日渐枯竭的石化资源比率较高,而循环资源、可再生资源的比率较低。随着今后需求的增加,石化资源的使用量很可能进一步增加,因此普利司通提出了"到2050年使石化资源使用率为零"的目标。今后将在削减原材料使用量、循环并高效率地利用资源、扩充可再生资源并使之多样化三个方面加快发展步伐。

生词

序号	词语	拼音	词性	日语翻译
1	轮胎	lúntāi	名詞	タイヤ
2	可再生	kězàishēng	形容詞	再生可能な
3	石化	shíhuà	名詞	石油
4	转换	zhuǎnhuàn	動詞/名詞	転換する、転換
5	地带	dìdài	名詞	地帯
6	温带	wēndài	形容詞	温帯

[①] 普利司通:2050年前轮胎原料全部采用可再生资源. 化工网,2012-06-01

（续表）

序号	词语	拼音	词性	日语翻译
7	新型	xīnxíng	形容詞	新型の、新しい
8	发布	fābù	動詞	発表する
9	天然	tiānrán	形容詞	天然の
10	橡胶	xiàngjiāo	名詞	ゴム
11	产地	chǎndì	名詞	産地、生産地
12	多样化	duōyànghuà	形容詞	多様化
13	热带	rèdài	形容詞	熱帯
14	实用化	shíyònghuà	名詞	実用化
15	关于	guānyú	前置詞	～については、～に関しては
16	原产	yuánchǎn	名詞	原産する、最初に産出する
17	草本植物	cǎoběn zhíwù	名詞	草本植物、葉状植物
18	俄罗斯蒲公英	éluósīpúgōngyīng	名詞	ロシアタンポポ
19	源于	yuányú	動詞	～を源とする、－に由来する
20	丁二烯	dīng'èrxī	名詞	ブタジエン
21	乙醇	yǐchún	名詞	エタノール
22	日渐枯竭	rìjiàn kūjié	形容詞	徐々に枯渇する
23	比率	bǐlǜ	名詞	比率、割合
24	循环	xúnhuán	形容詞	循環
25	削减	xuējiǎn	動詞	削減する

专有名词

词语	拼音	日语翻译
普利司通	Pǔlìsītōng	(社名)ブリヂストン

案例分析与讨论

一、案例讨论

1. 谈谈你对"100%可持续发展材料化"的认识。

2. 你认为普利司通在2050年前轮胎原料可全部采用可再生资源吗？说说你的理由。

二、情景会话

两人一组，一位同学扮演记者，另一位同学扮演日本普利司通的管理者。会话内容包括：（1）记者想了解一下普利司通企业以前的资源利用情况，目前企业的发展情况，以及未来发展中资源的利用情况。（2）日本普利司通的管理者给记者介绍了公司以前、目前以及未来的发展。

语言技能练习

一、回答问题

1. 日本普利司通"100%可持续发展材料化"的内容是什么？
2. 为了缓解天然橡胶产地集中的现象，普利司通做了什么？
3. 普利司通以前制作轮胎的原料是什么？现在呢？
4. 谈谈你对可再生资源的认识，并简单说说普利司通的可再生资源是什么。

二、选择正确答案

1. 普利司通的"100%可持续发展材料化"技术计划在什么时候实现？　　　　（　　）
   A. 2050年之前　　　　　　　　　　B. 2050年之内
   C. 2050年之后　　　　　　　　　　D. 2050年

2. 关于天然橡胶的研究对象包括哪些？　　　　　　　　　　　　　　　　（　　）
   A. 枝干等处含有天然橡胶、原产于美国西南部到墨西哥北部干旱地带的灌木"银胶菊"
   B. 根部等处含有天然橡胶、原产于美国西南部到墨西哥北部干旱地带的草本植物"银胶菊"
   C. 枝干含有天然橡胶、原产于哈萨克斯坦和乌兹别克斯坦的多年草本植物"俄罗斯蒲公英"
   D. 根部含有天然橡胶、原产于哈萨克斯坦和乌兹别克斯坦的多年灌木"俄罗斯蒲公英"

3. "丁二烯"和"炭黑"分别以什么作为主原料？　　　　　　　　　　　（　　）
   A. 生物乙醇；生物油脂　　　　　　B. 植物油脂；生物乙醇
   C. 生物乙醇；植物油脂　　　　　　D. 生物油脂；生物乙醇

4. 普利司通将在三个领域里加快发展步伐，不包括下列哪个？　　　　　　（　　）
   A. 削减原材料使用量　　　　　　　B. 循环并高效率地利用资源
   C. 增加石化资源的使用量　　　　　D. 扩充可再生资源并使之多样化

5. 使轮胎变黑的强化材料"黑炭"的主要原料油是什么？　　　　　　　　（　　）
   A. 化合物　　　　　　　　　　　　B. 植物油脂
   C. 黑色素　　　　　　　　　　　　D. 生物油脂

6. 案例中"使之多样化"的"之"主要指什么？　　　　　　　　　　　　（　　）
   A. 原材料　　　　　　　　　　　　B. 石化资源
   C. 可再生能源　　　　　　　　　　D. 轮胎

三、选词填空

| ① 发布 | ② 产地 | ③ 橡胶 | ④ 新型 | ⑤ 关于 |
| ⑥ 原料 | ⑦ 总额 | ⑧ 循环 | ⑨ 裁减 | ⑩ 可再生 |

1. 食盐是重要的工业_____，有"工业原料之母"的美称。
2. _____这个项目方案，总经理认为不可取，市场部部长认为值得一试，总之，见仁见智。
3. 公司本季度推出的_____电子产品，受到消费者的欢迎。
4. 昨日，制药业龙头企业A集团_____了望在明年推出的新型技术。
5. 公司新产品的主要_____在浙江、福建等地。
6. 公司可适当发展风力、太阳能、生物质等_____能源。
7. 为了提高员工们的效率，公司人事部决定_____三分之一的员工。
8. 公司以绿色环保为主题，提倡资源要_____利用。
9. B公司该季度的进出口贸易_____提高了25.9%。
10. 我们公司科研处的研究范围十分广泛，除主要进行电子工程的研究外，还进行_____、资源、材料、生物工程等方面的研究。

四、用所给句型改写句子

1. 名为……

   例 该技术<u>名为</u>"100%可持续发展材料化"。

   (1) 上海电气集团与英资晨星集团联手，各出50%的资金收购日本秋山印刷机械公司，收购后成立的新公司叫做秋山国际公司。
   _____。

   (2) 丰田的"5S管理"，即整理、整顿、清扫、清洁和素养。
   _____。

2. 并且还……

   例 作为主原料的"丁二烯"则采用源于生物资源的生物乙醇，使轮胎变黑的强化材料"炭黑"则以植物油脂为原料油，<u>并且还</u>将利用生物质开发新型高性能橡胶材料。

   (1) 为了这个项目工程，我们公司前期已耗费了大量的人力、物力，还需要有足够的资金去完成它，真不知道是否值得。
   _____。

   (2) 这个岗位的招聘，不仅需要名校的毕业生，还需要有过相关实践经验的毕业生。
   _____。

3. 将……以……

   例 普利司通<u>将</u>确立栽培生长于干旱地带及温带地区的植物用作新型可再生资源的技术，<u>以</u>缓解产地集中的情况。

(1) 公司裁员是想缓解利润下滑的压力。
　　_____。
(2) 公司准备开拓海外市场，解决国内市场饱和的问题。
　　_____。

4. 并使之……

> **例** 今后将在削减原材料使用量、循环并高效率地利用资源、扩充可再生能源<u>并使之</u>多样化三个方面加快发展步伐。

(1) 公司规定部门经理必须要每周值一个晚上的夜班，而且要成为一项制度。
　　_____。
(2) 能源的使用要做到高效率、低成本、多样化。
　　_____。

五、用所给句型完成句子

1. 随着

> **例** <u>随着</u>今后需求增加，石化资源的使用量很可能进一步增加，因此普利司通提出了"到2050年使石化资源使用率为零"的目标。

(1) _____，A公司和B公司的业务往来更加频繁。
(2) _____，公司更需要在产品的技术和研发上花大工夫。

2. 除了……还……

> **例** 该公司<u>除了</u>正在使天然橡胶产地实现多样化，促进在热带以外的其他地区栽培作为橡胶资源的植物，<u>还</u>在推进开发利用生物质资源生产目前利用原油制造的合成橡胶、强化材料及配合材料的技术，加快实用化进程。

(1) _____，公司还加大了研发的力量。
(2) 公司除了为每位职工交了劳动保险，_____。

巩固与扩展

一、听力理解

1. 面临困境的夏普电视机市场 🎧 10-01

关键词语

1	面板	miànbǎn	パネル
2	分辨率	fēnbiànlǜ	解像度
3	消耗	xiāohào	消耗、消費

（续表）

4	问津	wènjīn	問い合わせる
5	理想	lǐxiǎng	理想、理想的な
6	预期	yùqī	予想、予想する
7	下降	xiàjiàng	減少する、下落する
8	运营	yùnyíng	運営、経営
9	减少	jiǎnshǎo	減少する
10	缴税额	jiǎoshuì'é	納税額
11	较	jiào	〜と比較して、〜より
12	峰值	fēngzhí	ピーク値
13	居住	jūzhù	住む
14	人满为患	rénmǎnwéihuàn	人が多くて問題が起きる
15	发愁	fāchóu	心配する
16	一去不复返	yíqùbúfùfǎn	一度去ったら戻らない

选择正确答案

(1) 夏普的金属氧化物面板比起液晶面板具有什么自身的特点？　　（　　）
　　A. 分辨率更高　　　　　　　　　　　　B. 更便宜
　　C. 更时尚　　　　　　　　　　　　　　D. 更耗电

(2) 为什么夏普的产品质量很好却"少有人问津"？　　（　　）
　　A. 因为夏普的广告做得少　　　　　　　B. 因为夏普的产品耗能大
　　C. 因为市场向新技术转移的速度不够　　D. 因为工厂的产能未能达到理想的状态

(3) 文中所提到的1,000亿日元指什么？　　（　　）
　　A. 夏普的年度利润
　　B. 夏普的季度盈利
　　C. 电视行业与电视面板相关的年度亏损额
　　D. 电视行业与技术转移相关的年度亏损

(4) 夏普在龟山县的员工三年间减少了约多少人？　　（　　）
　　A. 1,000人　　　　　　　　　　　　　B. 2,000人
　　C. 3,000人　　　　　　　　　　　　　D. 4,000人

(5) "人满为患"是什么意思？　　（　　）
　　A. 人们比较满足　　　　　　　　　　　B. 人多而让人满意
　　C. 人太多以至于造成祸害　　　　　　　D. 人多得满山都是

2. 普利司通：F1赛场之后的绿色理念 🎧 10-02

关键词语

1	作为	zuòwéi	～として
2	高龄	gāolíng	高齢の
3	天生	tiānshēng	生まれつきの
4	基因	jīyīn	遺伝子
5	轮	lún	循環する事物を数える量詞
6	低谷	dīgǔ	谷、低調期
7	按部就班	ànbùjiùbān	段取りに従う
8	蜕变	tuìbiàn	変化する、変質する
9	加紧	jiājǐn	強化する、力を入れる
10	新贵	xīnguì	新しく出てきた物、人
11	登陆	dēnglù	上陸する、進出する
12	标配	biāopèi	標準装備の、標準の組み合わせ
13	诞生	dànshēng	誕生する
14	赛道	sàidào	サーキット
15	街道	jiēdào	街路
16	倾注	qīngzhù	打ち込む、傾ける
17	杰作	jiézuò	傑作
18	急速	jísù	急な、急速な
19	扬名立万	yángmínglìwàn	名声を打ち立てる
20	豪门盛宴	háomén shèngyàn	盛大な宴会、一時的成功
21	曲终人散	qǔzhōngrénsàn	催しがすんでひっそりする
22	强劲	qiángjìn	強力な、力強い

选择正确答案

(1) 根据普利司通的调查，其产品在中国市场的占有率是多少？　　　　　　　　　　（　　）
　　A. 7%—9%之间　　　　　　　　　　B. 10%—15%之间
　　C. 20%—30%之间　　　　　　　　　D. 40%以上

(2) "绿歌伴"轮胎品牌在中国市场推出的时间是什么时候？　　　　　　　　　　　（　　）
　　A. 2010年3月底　　　　　　　　　　B. 2010年9月6日
　　C. 2010年10月1日　　　　　　　　　D. 1979年9月6日

第10课　普利司通计划在2050年前轮胎原料全部采用可再生资源

(3) "搏天族"是一款什么样品牌的轮胎？　　　　　　　　　　　　　　　　　(　　)
　　A. 休闲型　　　　　　　　　　　　B. 载重型
　　C. 耐热型　　　　　　　　　　　　D. 运动型

(4) 普利司通退出F1赛场的主要原因是什么？　　　　　　　　　　　　　　　(　　)
　　A. 将经营资源更多地投入环保　　　B. 将经营资源转入场地的建设
　　C. 将资金投入产品的研发　　　　　D. 聘用体育明星做产品的代言人

(5) 博天族系列的第一款环保产品是什么？　　　　　　　　　　　　　　　　(　　)
　　A. 法拉利　　　　　　　　　　　　B. 阿斯顿马丁
　　C. 绿歌伴　　　　　　　　　　　　D. S001

二、扩展阅读

1. 日本科技企业吸引不了中国人才[①]

麦肯锡近日公布的一份报告，调查了24家顶尖的在华外国企业，涵盖了12个消费者市场。报告显示，相对于欧美企业，日本企业的在华表现相对暗淡。入围麦肯锡的24家公司中，只有夏普一家是IT科技类企业，另三家是丰田、三得利和资生堂。

在中国的IT市场上，日本电脑制造商仅占2%—3%的市场份额，而在全球范围内却占12%的市场。在大型白色家电市场上，日本厂商只有6%的市场份额，手机领域仅占3%。

麦肯锡之所以发起此次调查，主要是因为日本企业正面临着全球性重组，而中国市场对它们越来越重要。欧美企业通过本土化运营、吸引本地人才，在中国发展良好。比如宝洁就是一个典型的代表。麦肯锡（东京）负责人、报告的作者之一Brian Salsberg说："根本的问题是日本的组织管理方式、人才发展架构与世界其他地区大相径庭，包括中国。日本的终身雇佣制无法吸引中国人才，而且日本企业内部的层次比中国及欧美企业多很多。"在招聘及培训中国员工时，不少日本企业常常显得力不从心，因用错了人而缺乏韧性，最终，产品脱离了消费者的需求。

关键词语

1	吸引	xīyǐn	引きつける
2	人才	réncái	人材
3	公布	gōngbù	発表する

---

① 牧夫.麦肯锡报告：日本科技企业吸引不了中国人.网易科技报道，2009-09-29

（续表）

4	报告	bàogào	報告、リポート
5	顶尖	dǐngjiān	トップの、最高レベルの
6	入围	rùwéi	仲間入りする、ランクインする
7	重组	chóngzǔ	再編成、組織の再編
8	本地	běndì	現地、当地
9	代表	dàibiǎo	代表
10	组织	zǔzhī	組織
11	大相径庭	dàxiāngjìngtíng	大きな差がある
12	终身雇佣制	zhōngshēn gùyōngzhì	終身雇用制
13	招聘	zhāopìn	招く、募集する
14	力不从心	lìbùcóngxīn	やりたいが力が伴わない
15	脱离	tuōlí	離れる
16	消费者	xiāofèizhě	消費者
17	需求	xūqiú	ニーズ

问题

1. 为什么相对于欧美企业日本企业在华表现比较暗淡？

2. 什么叫全球性重组？这对日本有什么重大影响？

3. 为什么欧美企业可以通过本土化运营吸引中国人才，而日本却不能？以你所了解的企业为例谈谈对这个问题的认识。

4. 谈谈你对日本"终身雇佣制"的看法。联系现实，说说这在现代企业是否可行。

2. 普利司通开发全新轮胎彩印技术和无需充气的全新轮胎

日本普利司通公司目前已经研发出了一项全新的轮胎彩印技术。在此之前，普利司通研发出了边缘采用白色橡胶的轮胎，由于白色橡胶具有卓越的耐久性以及防变色性能，新开发的轮胎印刷技术正好利用了该类型轮胎的特点，采用喷墨以及保护层的方式实现了彩色印刷。普利司通表示，该彩印技术的最大特点就是可以实现用户定制印刷，顾客可以把自己喜欢的花纹或照片印刷在轮胎上面，而且可以重复更换印刷，非常人性化。

另外，该公司日前还开发出了无需充气的新型轮胎技术，进一步提高了环保性能。作为面向未来的轮胎环保技术，使用特殊形状的辐条来替代空气，制成非充气型轮胎，该非充气型轮胎全部采用可再生利用的材料。此举可以提高有效循环利用废弃资源的环保性能，并提高安全性和舒适感，有利于技术实用化的尽早实现。

关键词语

1	全新	quán xīn	まったく新しい、斬新な
2	边缘	biānyuán	縁、周辺
3	卓越	zhuóyuè	卓越した、抜きん出た
4	耐久性	nàijiǔxìng	耐久性
5	变色	biànsè	变色
6	喷墨	pēnmò	インクジェット
7	保护层	bǎohùcéng	保護層
8	用户	yònghù	ユーザー
9	定制	dìngzhì	オーダーメイド
10	花纹	huāwén	模様、デザイン
11	充气	chōngqì	空気を入れる
12	辐条	fútiáo	スポーク
13	尽早	jìnzǎo	できるだけ早く

问题

(1) 白色橡胶的轮胎具有哪些方面的性能？

(2) 普利司通采用什么方式实现轮胎的彩色印刷？

(3) 轮胎的彩色印刷有什么方面的特点？

(4) 普利司通的非充气轮胎是用什么东西制成的？有什么特点？

(5) 轮胎采用可再生资源有什么好处？

三、根据情景写一段话

1. 请用"发布""转换""可再生资源"等词语，简要说明普利司通在2050年要达到"100%可持续材料化"必须要完成的重点任务。

2. 分别列表说明"银胶菊""俄罗斯蒲公英"的产地及蕴含天然橡胶的部位。

3. 分别列表说明"丁二烯""炭黑"的来源及替代品的名称。

4. 请利用"开发""利用""缓解""加快"等词语描述2050年之前普利司通在原料的可再生资源开发方面所要做的工作。

四、调查任务

1. 你所知道的汽车轮胎的品牌主要有哪些?　　　　　　　　　　　　　（　　）[多选]
　　A. 固异　　　　　　　　　　　　B. 普利司通
　　C. 锦湖

2. 下列哪个国家的天然橡胶最多?　　　　　　　　　　　　　　　　　（　　）[单选]
　　A. 马来西亚　　　　　　　　　　B. 巴西
　　C. 美国　　　　　　　　　　　　D. 俄罗斯

3. 下列哪个属于可再生资源?　　　　　　　　　　　　　　　　　　　（　　）[多选]
　　A. 水资源　　　　　　　　　　　B. 废旧塑料
　　C. 石油　　　　　　　　　　　　D. 煤炭
　　E. 风

4. 哪个植物属于可再生资源?　　　　　　　　　　　　　　　　　　　（　　）[多选]
　　A. 橡胶籽　　　　　　　　　　　B. 蓖麻籽
　　C. 文冠果　　　　　　　　　　　D. 潮汐
　　E. 玉石

5. 适合天然橡胶生长的气候环境包括下列哪个地带?　　　　　　　　　（　　）[多选]
　　A. 寒冷地带　　　　　　　　　　B. 高温地带
　　C. 多雨地带　　　　　　　　　　D. 干旱地带
　　E. 静风地带

6. 下列哪个产品是由生物质资源开发而来的?　　　　　　　　　　　　（　　）[单选]
　　A. 树皮做成的纸　　　　　　　　B. 生物乙醇做成的轮胎
　　C. 玉石雕琢而成的工艺品

7. 汉语中与"日渐枯竭"相反的词语是下列哪个?　　　　　　　　　　（　　）[单选]
　　A. 取之不竭　　　　　　　　　　B. 日久天长
　　C. 日新月异　　　　　　　　　　D. 日益丰富

8. 国际橡胶界一般认为适合种植橡胶的北端线在哪里?　　　　　　　　（　　）[单选]
　　A. 北纬17度　　　　　　　　　　B. 北纬34度
　　C. 北纬21度

五、写作

　　普利司通准备在上海开设一家生化资源开发研究所,想了解中国相关的政策并设计未来一系列适合在中国销售的产品。请帮助公司设计一个产品开发的建议书。

附录1　听力录音文本

第1课　珍爱员工及其家人的富士电机

1. 丰田汽车公司与员工教育

日本丰田汽车公司成立于20世纪30年代末，主要生产汽车部件，包括金属、橡胶、玻璃及各种日用品等。目前是仅次于美国通用汽车公司和福特汽车公司的第三大汽车制造公司，在美国《财富》杂志1999年全球500强排行榜上列第10名。丰田汽车公司的成功经验是重视员工素质的培养，树立良好的公司内部形象，对新参加公司工作的员工，有计划地实施企业教育，使受教育者分阶段地学习，从而培养出高水平的技能集团。丰田汽车公司还创造性地开展非正式教育，核心是解决车间里人与人之间的关系，培养相互信赖的人际关系。丰田汽车公司创造出一系列的精神教育活动，以非正式和不固定的形式进行，方法多种多样，把一般由福利保健部门处理的事情，作为培养人才的基础纳入到员工日常生活之中。

2. 索尼公司的改革创新之路

日本索尼公司创建于1946年，原名为东京通讯株式会社。《财富》1999年500强排行榜上，索尼公司排名第31位。从20世纪80年代到90年代，全球电子企业竞争日益加剧，索尼公司的营销也陷入困境，经历了一段曲折的发展。索尼公司充分发挥了科技人才的积极性和首创精神，冲破种种阻拦，推行一种独特的用人制度，允许并鼓励科技人员根据自己的兴趣、爱好和特长，毛遂自荐去申请各种研究课题和开发项目，允许他们在公司各部门、各科研组之间自由流动，并对他们一视同仁。索尼公司创始人曾说："索尼成功的关键是在科学技术、管理、销售等方面不盲从他人，永远不走在别人后面。"创新是索尼公司企业文化的重要内容，也是成功的要诀。现在索尼公司每年推出约1,000种新产品，平均每个工作日4种。领导和各部门之间关系融洽，索尼公司的事业将得到更大的发展。

第2课　欧姆龙公司：为助残事业做贡献

1. 欧姆龙为社会做贡献[①]

欧姆龙是非常重视公司宗旨和企业理念的公司。其公司宗旨"用我们的工作，改善我们的生活，创造更美好的社会"是在1959年制定的。这一宗旨基于"企业是为社会做贡献的"的基本理念。此后，欧姆龙秉承该宗旨，为实现企业和社会的同步持续发展，开展经营和业务活动。1990年，以公司宗旨为基础，欧姆龙制定了企业理念。其中，基本理念还是"企业是为社会做贡献的"。在这个理念的指导下，欧姆龙积极实践企业社会责任的战略，通过业务活动的开展创造更美好的社会。"创造社会需求"是欧姆龙的一条重要的经营法则，它的意思是敏锐地察觉并预见社会中潜在的需求，通过研发和提供迄今为止从未面市的新产品和新服务，为社会做出贡献。现在，社

[①] 欧姆龙：企业理念是日常经营中的"海上灯塔". WTO经济导刊, 2011-12-15

会对安全、健康、环保的关注日益高涨，欧姆龙正以这些课题为核心，希望通过自身的业务工作致力于解决各种社会课题，为社会做出贡献。此外，欧姆龙针对社会上存在的人权、劳动及环境等各方面社会问题，采取公司独具特色的措施。比如，1972年欧姆龙与"太阳之家"以合资的方式成立了日本首家接纳残障人员工作的欧姆龙太阳（别府）株式会社。之后，在1986年，在公司总部所在地的京都市成立了欧姆龙京都太阳株式会社。同时，欧姆龙在振兴体育、教育等领域积极地开展为社会做贡献活动，这些活动都得到了社会的广泛认可。

2. 工作比同情更重要[1]

欧姆龙（大连）有限公司是大连有名的爱心企业，建厂15年来，他们年年都有捐款捐物记录，为残疾人提供的岗位也逐年增加。在安置残疾人就业方面，他们也有着自己的一套助残理念，他们认为"身体残疾并不妨碍出色地工作，给予工作比给予同情更重要。"他们正是这样做的。

欧姆龙（大连）有限公司在成立之初，就在市残联备案，主动提出分批招收残疾人的想法，并为将来残疾员工的工作和生活建立了无障碍设施。1993年，工厂正式投入运营，雇佣了第一名残疾人员。目前，该工厂已经有20多名残疾人员在这里愉快地工作和生活。为了安置残疾人就业，他们针对企业实际情况和残疾人身体条件，专门为残疾人开发出一条特殊的生产线，这条生产线也被工厂员工们亲切地称为"爱心生产线"。在这条线上工作的全部是残疾人，他们主要从事腕带加工、配货、叉管等低强度的劳动。

米金苹的手在一次事故中被严重烧伤，被定为肢体三级残疾，就业处处碰壁的她听说欧姆龙有一条专门为残疾人就业安排的生产线，就前来应聘。2004年4月份，她如愿以偿，被企业安置在了腕带加工的岗位上。

欧姆龙（大连）有限公司在工作中非常照顾残疾员工，将他们安排在操作简单的岗位上，在生活中也时刻关心残疾员工，为他们专门设置了卫生间和无障碍通道。同时，还定期召开残疾员工座谈会，与残疾员工进行面对面的沟通，鼓励残疾员工的个人发展。

多年来，欧姆龙（大连）有限公司为当地社会做出的突出贡献，得到了大连社会各界的肯定，不仅连续两年被授予"爱心助残单位"称号，日本欧姆龙株式会社社长立石义雄还被授予大连荣誉市民。

第3课 上海电气收购日本秋山

1. 山东如意收购声望株式会社

山东如意是多元持股的大型中外合资企业，是中国毛纺织行业最具竞争力的10强企业。山东如意旗下涉及兔毛纺纱、纺织服装、棉纺织、棉印染、针织、纤维、牛仔布、房地产等产业，是中国知名的、与纺织相关多元化产业集团。山东如意通过技术创新，坚持高端产品定位，提高自身核心竞争力，成为中国少数几家可与欧美、日本等高档面料相抗衡的企业。

近年来，中国制造商正通过收购知名品牌的方式进入行业的"高利润区"。2010年，山东如意将出资40多亿日元，收购曾是日本第一大成衣运营商的声望株式会社，将持有声望株式会社的41.53%的股权，从而成为该公司的第一大股东。

声望株式会社运营着日本及欧洲的30多个著名服装品牌，在日本有2,000多家服装专卖店。近年

---

[1] 骆燕. 开发区外资企业关爱残疾人职工彰显企业文化特色. 大连残疾人联合会，2008-12-18

来，声望株式会社的经营情况一直处于下滑状态，已连续4年亏损。尽管现在仍排在日本服装运营商的前10名，但有必要进行进一步的重建计划。

通过此次并购，山东如意的产品不仅能够直接打入日本市场，而且对其集团来说，这是一次从传统纺织服装制造企业向设计及销售领域拓展的尝试。而声望株式会社需要找伙伴的原因有两点：一是资金；二是销路。从原材料到成品，山东如意可以帮助这家日本公司，这是一个双赢的过程。

随着中国经济的突飞猛进及日益扩大的国际影响，发达国家开始希望中国企业投资或并购本国曾经辉煌的制造业。这些发达国家在看好中国庞大市场的同时，也发现要改变本国经济衰退的面貌，需要输入中国投资的新鲜血液，期待以新兴的中国资本力量帮助本国经济重新焕发生机，中国资本已成为世界产业界不可小觑的新力量。

2. 三一收购德国"大象"

世界名牌德国"大象"普茨迈斯特历来在地球上充当世界第一的混凝土机械制造商身份。中国混凝土机械到20世纪80年代前基本还是进口外国产品，那时候的三一才刚起步。转眼才过去30年的时间，可谓是风水轮流转啊，30年河东，30年河西，徒弟收购师傅，这帮助三一迈出了战略性的一步，得到的不仅仅只是一家普茨迈斯特机械制造品牌，更重要的一步是三一成功迈入国际化。工程机械行业是个日不落产业，估计近几十年乃至上百年，这个行业都不会衰落，不会饱和。三一是一家极具潜力的工程机械制造企业，用不了5年的时间，三一就有可能进入世界工程机械前三甲，三一收购普茨迈斯特是绝对正确的，而且时机也非常合适，可以说是一次完美的收购。

第4课　广汽丰田龙华世纪店的5S管理

1. 松下电器公司的管理经验：优化价值观[①]

管理的最高境界是"无为而治"，即通过对员工的内在控制来激发其工作热情。的确，纪律制度对员工来说只是一种外在控制，效果难以维持，而当员工的内在精神被某种东西控制之后，他就会自觉地全身心投入工作之中。优秀的管理者深谙此道，从不对员工强加管制，而是从改善员工精神状态入手来对其加以引导。

松下电器公司是全世界有名的电器公司，松下幸之助是该公司的创办人和领导人。松下电器公司是日本第一家用文字明确表达企业精神或精神价值观的企业。"松下精神"是松下幸之助及其公司获得成功的重要因素。

松下幸之助规定企业的原则是"认识企业家的责任，鼓励进步，促进全社会的福利，致力于世界文化的进一步发展"，他给员工规定的信条是"进步和发展只能通过公司每个人的共同努力和合作才能实现"。"松下价值观"遵奉为"十精神"，即工业报国精神、实事求是精神、改革发展精神、友好合作精神、光明正大精神、团结一致精神、奋发向上精神、礼貌谦让精神、自觉守纪精神和服务奉献精神。这些价值观时常被灌输到员工的头脑之中。每天上午8点，松下遍布日本的87,000名员工都背诵他的价值观，放声高唱公司之歌。松下电器公司是日本第一家有价值观和公司之歌的企业。在解释精神价值观时，松下幸之助有一句名言："如果你犯了一个诚实的错误，公司是会饶恕你的。然而你背离公司的原则就一定会受到严厉的批评，严重时可能会被解雇。"可见精神价值观在松下电器公司有着至高无上的地位。松下电器公司正是通过这种精神价值观的训练，实现了对

---

① 陈琼，陈亮，彭祯. 松下管理经验：优化的价值观，中人网，2004-05-20

员工内在状态的控制，从而使员工滋生出源源不断的工作热情与干劲。

2. 建立4S店的现代企业人力资源管理机制

4S店作为汽车销售服务的一种市场模式，要把人力资源管理提高到关系企业命运的高度与位置上，有的放矢地进行各层次人才的培养。企业人力资源管理水平的提高，就如企业文化的塑造一样，是一个渐进的过程，不是一朝一夕就能完成的。不要将人力资源管理部门当作后勤服务部门，而应当定位于战略发展部门，重视对现有人员的培训。不要寄很大希望于外来引进人员，只有自己培养起来的员工对自己的企业才有感情，这些人对企业发挥的作用要比"空降员工"大得多，而且对企业表现得更为忠诚。要认真进行策划，在销售与服务的宣传中有意识宣传企业自身品牌的形象。在整合自身品牌形象的基础上，树立起鲜明的企业文化。要建立系统、科学的薪酬机制，因为这直接关系到企业每位员工的切身利益，注意既要有整体的稳定性，又要兼顾个体的激励性，注意工作的方式、方法，建立科学有效的长期激励措施，使长期激励与短期激励紧密结合。

第5课　佳能公司于细微之处谋幸福

1. 伊那食品工业：如何守护幸福[①]

伊那食品工业是一家制造寒天的公司，在日本国内享有80%、海外也有15%的市场占有率，堪称是寒天制造厂的世界第一。寒天的原料是海里叫做"天草"的一种海藻，将采来的天草煮溶，再凝固，或是混合其他原料，创造新的价值或是新商品。寒天这个产业，绝称不上是成长市场，在所有工业统计图表中都显示在走下坡路。伊那食品工业却以其惊人的业绩，连续48年保持10%的营收增长和利润增长。但现任会长冢越先生，却不喜欢别人以"连续48年增收增益的优良企业"来介绍伊那食品工业，因为他们的经营并不以营收或利润为目标，而是为了所有与公司相关者的幸福而存在！"我们要创造一家好公司"——这是伊那食品工业的主张，一家优秀公司与一家好公司的区别在于，优秀公司只要能交出一份漂亮的财报就可以，而好公司远远不止如此。基于这个主张，伊那食品工业的冢越会长订立了三项经营方针，来为员工守护这份幸福。

第一项是"不勉强追求成长"。这里主要指公司不勉强追求流行，不为景气左右。伊那食品工业一直坚持用缓慢的速度生长，有人称做"盆栽经营"，或是用树一年长一圈年轮来比喻，称为"年轮经营"。正是这种精神才让伊那创造了连续48年增长的奇迹。

第二项是"不树敌"。经营一家企业时，经常会遇到"敌人"，其中最具代表性的应该是同业者。"不树敌"就是不做恶性竞争。伊那食品工业"不树敌"的方法就是开发世界唯一的产品，致力于创造世界上不曾有过，或是其他公司做不出来的产品，顺应、满足顾客的需求，这样便不可能出现敌人。

第三项是"及时播下成长的种子"。这里的种子是指研究开发和未来经费。伊那食品工业为了将来，拼命地播种，也一直灌溉施肥。因为他们要让员工幸福，所以要不停地做。对伊那食品工业来说，最重要的不是提升业绩，而是永续经营。冢越会长说："成长也好，获利也好，都是为了让公司继续经营。而我们是为了什么而经营呢？就是为了员工的幸福。"

---

① 坂本光司.如何守望幸福.源流，2010（22）

2. 贝塔斯曼的体会[①]

在刚刚举办的第四届中国CRM论坛上，贝塔斯曼直接集团的中国地区首席运营官艾弥尔向大家展示了公司寄给客户的信封。乍一看去，这信封和大多数公司邮寄资料给客户所用的信封并无二致，不过经他指点之下，不难体悟到设计者的一番良苦用心。

首先是信封右下角的"中国邮政大客户专递209001"的字样，"毕竟中国邮政在大多数人心目中还是有来头、比较可信的。"艾弥尔笑着说。这个独立的中国邮政全国专属邮编终端是2003年获得的，除了给客户良好的感觉之外，还有其实际的好处——外地汇款信息可以在很短的时间内显示，从而更加及时地安排订单；另外，邮局的工作人员在公司仓库直接寄出邮件，不需进一步的中转。这样一来，订单送抵的周期能缩短数日。

在信封的居中位置有一行字"重要函件请送至收件人，无法送达请退回邮递员！"艾弥尔解释，很多时候宣传材料到不了客户手里，并不应该归罪于邮递人员的工作不力，障碍往往发生在投递过程中的最后一米，也就是到了单位的传达室或小区门卫等地方，由于种种人为的疏懒而被扣住。我们曾经到一家单位调研，看到公司前段时间寄给他们的材料还捆扎着扔在角落里，积满了厚厚的灰尘。有了这行提示，就能起到相当的作用，最后一米尽量消除掉，邮件的送抵率得以提高。

信封背面印着公司网站和订购电话，下方还印上了信件的改退原因。大多数信件如果由于地址不详、查无此人等原因而改退，会由邮局贴上一张小纸条，有时还会贴上好几张，而把改退原因印刷在信封背面的设计就更加人性化，这种设计方式已经有不少公司加以模仿。

另外，把材料从信封里拿出后，在透明塑料纸的后面就透出了印在信封里的温馨提示"为保证您每季度按时收到免费目录，请您在地址有变更时，联系贝塔斯曼书友会！谢谢！"后面是服务热线。一般来说，90%以上的客户在拿到邮寄材料之后，都会注意到这一提示，在总体流动比较大的年轻读者群中，这条提示确实能帮助他们更新地址，从而减少以后的无效邮寄材料。

第6课　神舟电脑在日本站稳脚跟

1. "有生于无"与"以柔克刚"[②]

有一次，张瑞敏首席执行官出访日本一家大公司。该公司董事长一向热衷中国至理名言，在他介绍自己公司经营宗旨和企业文化时，阐述了"真善美"，并引述了老子思想。张瑞敏也发表了自己看法："《道德经》中有一句话与'真善美'语义一致，这就是'天下万物生于有，有生于无'。"

张瑞敏以这句话诠释了海尔文化之重要性。他说："企业管理有两点始终是我铭记在心的：第一点是无形的东西往往比有形的东西更重要。当领导到下面看重的是有形东西太多，而无形东西太少。一般总是问产量多少、利润多少，没有看到文化观念、氛围更重要。一个企业没有文化，就是没有灵魂。第二点是老子主张的为人做事要'以柔克刚'。"张瑞敏说："在过去人们把此话看成是消极的，实际上它主张的弱转强、小转大是个过程。要认识到：作为企业家，你永远是弱势；如果你真能认识到自己是弱势，你就会朝目标执着前进，也就会成功。"

有一次，一位记者问张瑞敏："一位企业家首先应懂哪些知识？"张瑞敏想了想说："首先要

[①] 范松璐. 小处不可随便，客户关系管理重在细节. 慧聪网，2006-04-10
[②] 海尔."有生于无"与"以柔克刚". 商人书院，2007-11-18

懂哲学吧！"

张瑞敏能联系企业实际，从老子思想中悟到"无"比"有"更重要、"无"生"有"的道理，也悟出柔才能克刚、谦逊才能进取的为人做事之理。骄横与张扬永远是企业衰败之源。

人的成熟，在于思想的成熟。企业家的成熟在于实践经验基础上形成的理念体系。一切成功的企业家都是经营哲学家。著名经济学家艾丰为《张瑞敏如是说》一书写序，题目就是"不用哲学看不清海尔"。艾丰用哲学恰到好处地评价了张瑞敏。

2. 国际化并购助联想步入高速成长期[①]

联想是传统PC四强中最年轻的一家公司，与戴尔同岁，但比自己的竞争对手惠普和宏基都要年轻。这家公司在成立之初的很长一段时间内，也经历过多元化和国际化的迷茫，甚至经历过企业内贸工技和技工贸哪个优先的内耗。最终，联想依靠"摸着石头过河"的方式，度过了内耗，并且选择了一条适合自己的路。

如果没有联想集团的国际化，也不可能有以后的海外并购。一开始，联想的并购战线拉得很长，已经涵盖北美、拉美、欧洲以及亚太地区。在这一系列的并购中，联想并购IBM有着标杆意义，这在当年是一个蛇吞象的惊人之举，联想用了差不多4年的时间完成了对IBM全球PC业务的整合，并宣布整合成功。联想从并购IBM全球PC业务中获利丰厚，为其带来了品牌知名度和遍及全球的销售渠道；联想收购IBM全球PC业务后的首个季度，营业收入大幅增加2.34倍至196亿港元，其中个人电脑全球总销量增加到了351万台。借助这一成果，联想集团强化了其在全球商用市场的IT服务能力。但2008年，全球经济危机导致商用市场萎缩，过度注重商用市场的联想集团出现巨额亏损。此后，联想进行调整，强化其在消费领域的IT能力。2009年，联想集团结束亏损，开始步入高速成长阶段。此时联想集团的高管也开始高调宣布：并购IBM全球PC业务获得了成功。

完成针对IBM全球PC业务的并购整合之后，联想的海外并购步伐加快。很快，第二个猎物进入联想的视线，它就是日本的NEC。2011年1月27日，联想集团与NEC公司宣布成立合资公司，共同组建日本市场上最大的个人电脑集团。联想并购NEC采取了一条不同于并购IBM全球PC业务的道路，这也标志着联想在并购操盘手法上更加娴熟。

第7课　东芝的创新之路

1. 东芝决定撤出中国手机市场[②]

2000年，东芝与中国普天信息产业集团旗下的南京普天股份公司、香港王氏工业集团公司合资成立南京普天王芝通信有限公司，2002年开始生产手机。目前，东芝已将合资企业大约33%的股份和生产设备转让给南京普天股份公司，停止在中国生产和销售手机。中国目前是全球最大的手机销售市场，由于价格竞争非常激烈，日本品牌的手机不占优势。与欧美品牌的手机相比，日系手机厂商普遍没有在中国进行成功的本土化运作，推出的产品不能适应中国的市场需求。有人一针见血地指出了东芝退出的根本原因："日系手机品牌在中国表现不太出色，是因为企业文化的差异所形成的。一方面日本手机企业大多采取其在本土的经营手法，把销售手机的希望寄托在获得运营商的订单上，因而丧失了中国绝大多数的手机零售市场。另一方面日系手机企业的高管层中缺乏对中国市

---

① 28年终成PC第一，联想如何做到的. 中国电子网，2012-10-11
② 朱继东. 东芝为何退出中国手机市场. 经济参考报，2005-04-12

场足够了解的本土经理人,因此造成对市场反应慢,而部件采购也大多依赖日本进口,造成生产成本过高。当然,现在对日系手机厂商下结论为时尚早,但日系厂商必须以更大的勇气改变与中国市场不符的经营模式与思路,否则不可能在激烈的市场竞争中胜出。"已经具备相当技术实力的日本厂商如果意识到这一点,其前景应该不会差。

2. 中兴通信重视手机的售后服务

权威数据显示,2005年末中国固定电话及手机用户总数为74,386万户,其中手机用户已达到39,343万户,占总用户数的52.9%,已占半壁江山。然而,"黑手机"充斥市场,品牌机利润急剧下滑,需要投入极大财力、精力、人力的售后服务在日益膨胀的市场面前却渐渐乏力。以至于许多消费者由衷感叹:"现在修手机可比买手机难得多了。"针对手机市场的这种状况,中兴通讯于去年年初创立了售后服务子品牌"掌心服务",到目前为止其在中国已拥有约3,000家服务网点,是目前为数不多的坚持在售后领域打品牌服务的厂商之一。随着手机在中国市场的高度普及,市场的成熟已使消费者在选购时更加理性。经过市场的大浪淘沙,手机终端市场已经从品牌、款式、价格的竞争平滑过渡到极为关注手机售后的品牌服务时代。中兴通信比其他的手机厂商更深刻地认识到了这一点,中兴通信力推的"掌心服务",也正式扣动了领跑中国国产手机聚焦售后服务的发令枪。

第8课 北京松下企业的"中国化"

1. 日企在中国的业绩上升加速日本制造业向中国转移①

在2011年陷入全线亏损的同时,日本大型企业在中国的业绩却逆势上升。将重要的事业部门转移到中国,已经成为部分日本企业自救的重要战略。

夏普(中国)近日透露,在2011年海外总销售额中,中国市场占比已经达到37.9%,排名第一。到今年结束时,中国市场有望实现600亿元人民币的销售规模,届时,中国市场将占到夏普海外市场几乎一半的销售额。在日本制造的灰暗时代,这抹亮色足以成为很多公司的救命稻草。日元升值、劳工保护、法人税、贸易自由化迟滞、减排压力、电力短缺被日本企业称为"六重苦",在过去的一年里,日本的电子产业和汽车产业在全球市场上的主导力日益减弱。特别是日元的急速升值,严重影响了其在全球的竞争力。2011年,日本的电子产业已经全线陷入赤字。松下、索尼、夏普三大电子企业在2011年的亏损总额累计达1.6万亿日元。"在这一经营环境下,日本企业对新的行业环境和市场的应对能力、反应速度都不足。"夏普(中国)负责人表示。

中国市场为日本制造业的调整提供了机会。目前,日本公司正加大将生产能力向中国等新兴市场转移的力度,以降低成本。日本大金将加工组装生产转移给格力电器,东芝开利将空调生产交给美的,夏普去年10月成立了夏普(中国)投资有限公司,并相继在中国设立了健康环境和信息通信两个事业本部后,今年又在南京成立了液晶系统事业本部,在无锡设立电子元器件事业本部。夏普还希望通过与鸿海的联手,拿下苹果等大单,而在这些领域,韩国对手的竞争力正日益加强。不过,由于自身的经营困境,在这一轮产业转移中,日本企业可能不得不对他们的合作者做出更多让步。夏普股价近期连续下滑,创出34年以来的新低,有分析师认为,拥有更多主动权的鸿海可能会就与夏普结盟重新"开价"。

---

① 刘映花. 日企在华业绩上升加速日本企业制造业向中国转移. 北京晨报,2012-06-05

2. 博世开始重视中国的商用车市场①

世界最大的汽车供应商博世（Bosch）集团预计其核心业务机动车产业将面临持续低迷。集团总裁Bernd Bohr对德新社说："无论是在发展中的市场还是成熟的市场，总体来说，整个发展状况都很低迷。"造成这种状况的其中一个原因就是作为集团未来发展的关键市场的中国区进展甚微，这样博世不得不在商用车行业承担造成的明显损失。Bernd Bohr称：我们在那边的发展降低了6个百分点。集团目前销售额的大约59%来自于汽车技术事业部，其中四分之一的盈利是来自于商用车业务，而中国的商用车市场是北美和西欧市场总和的两倍，并且我们的10个最大的客户中有4个来自于中国。博世目前在中国需要面对两个挑战：一个是商用车的销售量在下降，博世也受到严重影响；另一个是来自于新的排放废气法律的推迟颁布，这样就造成了最新的博世产品没有获得预计的市场份额。Bernd Bohr称："由于法律的延迟颁布耽搁的销售额达几亿元。"而法律的出台大约要等到2013年中期。

第9课 日本汉方药龙头企业的经营启示

1. 日本医药企业大力开拓中国市场②

随着中国人口数量增长及人均收入水平的不断提高，医药品市场以年均两位数不断增长，预计今年将超过日本成为全球第二大医药品消费市场。近期受金融危机影响，欧美医药品市场一蹶不振，日本制药龙头企业转变经营战略，开拓中国医药品消费市场。安斯泰来制药计划今夏在中国市场推出主打药品"卫喜康"，主要治疗尿频、尿失禁等泌尿系统疾病。卫喜康的全球销售额已超过600亿日元，该公司2008年在中国的销售额为89亿日元，计划2009年扩大至100亿日元规模，预计销售额将以15%的年增长率超过中国医药品市场整体水平。卫采制药计划增加在中国的医药代表人数至目前的4倍。该公司在中国市场的主打产品为治疗老年痴呆症、神经病变等疾病，2008年下半年在中国的销售额达60亿日元，同比增长28%。此外，大日本住友制药将在苏州当地开始药品生产与销售。该公司过去一直从日本进口半成品，然后在当地装箱后销售，近期通过收购协和发酵麒麟的制药子公司来提高其产品供应能力。

2. 日本的汉方医药简介③

日本是汉方药很发达的国家，但是日本没有专门培养中医师的中医大学，中医师多为"西学中"的医师。针灸推拿诊疗所在日本很多，特别是在东京、横滨等大城市，几乎随处可见。据调查：有20%以上的腰痛、肩周炎、神经痛、类风湿患者采用针灸、推拿治疗。此外，部分内科、康复科、妇科、皮肤科等科室的医师也常常使用汉方药制剂，据调查：约占医师总数的50%左右。在日本的综合医院有一个临床科室称作"东洋医学科"，又称作"汉方科"或"和汉诊疗部"，负责门诊和其他科室住院病人的汉方药治疗。政府要求从2004年起所有的医学院校必须开设汉方医药课程，从2006年起，临床考试中必须包含该方面的试题。日本是中国主要的中药出口国，也是国际草药市场上的主要竞争对手。日本已将汉方制剂纳入医疗保险，近几年来汉方制剂生产每年以50%—60%的速度递增，处方用汉方药每年以15%的速度增长，年销售额已达15亿美元。

---

① W Doris. 博世发展持续低速，高层更重视中国市场. 凤凰网，2012-09-20
② 日本制药龙头转变经营战略，大举开拓中国市场. 日本经济新闻，2009-01-06
③ 廖利平. 关于中医药影响世界的思考. 世界中医药，2010（3）

第10课　普利司通计划在2050年前轮胎原料全部采用可再生资源

1. 面临困境的夏普电视机市场[①]

与目前的液晶面板相比，夏普公司的金属氧化物面板具有更高的分辨率，而且消耗的功率也更低，但还是少有买家问津，这导致其生产工厂一直未能达到理想产能状态。夏普在上个月表示，市场向新技术转移的速度明显低于该公司预期，电视面板生产领域面临的技术挑战导致电视产品产量下降，同时也使产品价格超出了消费者的接受能力，估计日本电视机厂商与电视面板相关的年度运营亏损可能会达到约1,000亿日元。夏普公司位于龟山县的两家生产工厂的员工数已经从三年前的3,000人减少至今年3月的约2,000人。龟山县的人口数量也正在下降，而该公司去年的缴税额也较2008年的峰值下降了24%。现年81岁的退休工人山内竹义就居住在工厂附近。他说："没有人再在这里居住了。就在去年，这里还为人满为患而发愁。龟山县的好日子一去不复返了。"

2. 普利司通：F1赛场之后的绿色理念[②]

作为一家79岁高龄的日本企业普利司通天生就有"生于忧患"的基因，在本轮危机带来的行业低谷中，普利司通正在全球特别是新兴市场进行着按部就班的蜕变。根据普利司通公司的调查，其产品在中国市场的占有率在10%—15%之间，为了提升这一数字，普利司通加紧了新产品上市的步伐。继2010年3月底在中国市场首次推出其环保旗舰轮胎品牌绿歌伴（ECOPIA）后，9月6日在上海国际赛车场，普利司通宣布旗下运动型轮胎品牌搏天族（POTENZA）系列新贵S001正式登陆中国，后者现已在欧洲市场上成为法拉利和阿斯顿马丁等一流跑车的标配轮胎。搏天族作为普利司通最高性能的运动型轮胎品牌诞生于1979年，无论是在赛道上还是在街道上都表现出色，普利司通倾注了最高的热情和技术力量，此次推出的S001就是这一系列的最新杰作。在过去的13年，普利司通作为F1官方赞助商，在急速赛道上不仅积累了丰富的技术经验，也帮助自己在市场上扬名立万，但这场豪门盛宴即将在今年F1赛事结束之时曲终人散。普利司通为自己选择的"新赛道"是环保，之所以下决心退出F1赛事，实际上是希望通过这个举动向世界传递一个信息，希望将有限的经营资源更多地投入到环境领域，比如环保产品的研发上。在中国最新发布的S001普利司通轮胎不仅具有强劲的运动性能，同时还兼备了环保特性，已达到欧盟2012年机动车辆安全法规中关于轮胎环保性能的要求，成为搏天族系列第一款环保产品。

[①] 马乔. 内忧外患，日本电子设备产业困境重重. 腾讯科技，2012-10-14
[②] 陈楠. 倾注中国，倾注绿色. 商务周刊，2010-10-04

附录2　参考答案

第1课　珍爱员工及其家人的富士电机

语言技能练习

二、选择正确答案

1. A　2. C　3. A　4. B　5. C

三、选词填空

1. ⑥　2. ③　3. ⑧　4. ①　5. ④　6. ⑩　7. ②　8. ⑨　9. ⑤　10. ⑦

四、用所给句型完成句子

1. 通过……合作成立了……
   (1) 经过长达半年时间的商定，通过多方协调，两家合作成立了资产清理整顿机构。
   (2) 面临即将倒闭的局面，公司通过加快内部改革的方案，合作成立了公司改革领导小组。
2. 据介绍
   (1) 据介绍，这家企业是全市最大的家族企业。
   (2) 据介绍，他祖父才是这个集团最大的董事。
3. 如……等。
   (1) 公司对员工的奖励有很多，如派送红包、出国旅游、物质奖励等。
   (2) A对企业的贡献很大，如技术革新、产品换代、厂房改造等。

五、用所给句型改写句子

1. 不仅……，更……，而最重要的是……
   (1) 我们公司不仅重视员工的个人能力，更希望他们要有创造力，而最重要的是注重员工之间的团结合作。
   (2) 盛大集团去年不仅收入突破了100亿，更成为上海市最大的外企，而最重要的是他们的董事长被评为最佳杰出青年。
2. （将）近……约占……
   (1) 我们厂有男员工将近83人，约占全部员工的三分之一。
   (2) 今年产品的销售量接近去年的2倍多，其中韩国市场的销售量约占总销售量的65%。
3. 成为……之一
   (1) 年底时候，晚宴的准备、员工工资的发放、假期的安排等都成为要做的事情之一。
   (2) 盛大集团、海洋旅游公司和绿风公关部门都成为我们合作过的公司之一。

巩固与扩展

一、听力理解

1. (1) B　(2) D　(3) A　(4) B　(5) C
2. (1) D　(2) A　(3) D　(4) C　(5) B

第2课　欧姆龙公司：为助残事业做贡献

语言技能练习

二、选择正确答案

1. A　　2. A　　3. B　　4. B　　5. B　　6. B

三、选词填空

1. ②　　2. ④　　3. ⑥　　4. ⑨　　5. ⑦　　6. ⑤　　7. ⑧　　8. ③　　9. ①　　10. ⑩

四、用所给句型完成句子

1. 涉及……等
   (1) A公司的电子产品很多，品种多达几千种，涉及航空航天、精密仪器、机械仪表等多个领域。
   (2) 我们公司设计的这款手表销量很广，涉及亚洲、中南美洲、非洲等多个国家。

2. 虽然……但是……
   (1) 虽然A公司的福利不是很好，但是员工很多。
   (2) 我们公司市场销售部人员虽然很多，但是业绩却不好。

五、用所给句型改写句子

1. 在……下
   (1) 在部长的帮助下，他的销售业绩变好了。
   (2) 在A公司的扶助下，残疾人得到了很多就业机会。

2. 共有……
   (1) 我们厂共有职员486人，其中男职员230人，女职员256人。
   (2) 我们公司今年销售额共有4,600万，其中上半年2,000万，下半年2,600万。

3. 基于……一直……
   (1) 基于把产品的质量放在首位的工作要求，A公司几年来一直常抓不懈。
   (2) 基于孩子就要上小学了，经过反复考虑，他们还是准备一直住在学校附近。

4. 了……后又……均由……
   (1) 爸爸第一次给了小王1,000元，后又给了500元，两次均由邻居转交的。
   (2) 他暑假先去了一趟东北，后又在8月份去了一趟欧洲，两次旅行均由A公司出钱赞助。

巩固与扩展

一、听力理解

1. (1) B　　(2) C　　(3) A　　(4) A　　(5) D
2. (1) C　　(2) D　　(3) C　　(4) A　　(5) B

第3课 上海电气收购日本秋山

语言技能练习

二、选择正确答案
1. C   2. C   3. D   4. C   5. A   6. D

三、选词填空
1. ⑩   2. ⑤   3. ③   4. ①   5. ⑦   6. ②   7. ⑧   8. ④   9. ⑥   10. ⑨

四、用所给句型完成句子
1. 包括……在内
   (1) A公司旗下的品牌多达几千种，包括神龙汽车、神马家电在内出口到世界上多个国家。
   (2) 包括W300、V210型在内，都是我们公司新的产业化产品。
2. 在……的同时
   (1) 在改进技术的同时，公司也从市场需求出发，更好地推出当季新产品。
   (2) 在研发新的广告的同时，公司也将继续采用这个广告文案。
3. ……并……
   (1) 我记住了他的名字，并深深印在了脑海中。
   (2) 总经理亲切接见了来访的外国客人，并和代表团一起合影留念。
4. 不仅……同时……也……
   (1) A公司通过技术创新，不仅提高了产品质量，同时也使销售量得到了大幅提升。
   (2) 他不仅遗失了自己的物品，同时因为他在这次事故中没有购买保险，保险公司的赔偿也不能指望了。

五、用所给句型改写句子
1. 开创……先例
   (1) 2012年，小李开了一家自己的公司，开创了大学生创业成功的先例。
   (2) C城的E公司开创了很多方面的先例，包括电子产品、珠宝设计等在内。
2. 引起……关注
   (1) A公司从小公司发展一路领先，成为了大公司，引起了很多媒体和其他企业的关注。
   (2) 会议上，王部长提出的市场推广计划，引起了董事长和每个员工的关注。

巩固与扩展

一、听力理解
1. (1) C   (2) A   (3) B   (4) A   (5) D
2. (1) B   (2) B   (3) A   (4) D   (5) A

第4课　广汽丰田龙华世纪店的5S管理

语言技能练习

二、选择正确答案
1. A　2. C　3. A　4. B　5. D　6. B

三、选词填空
1. ⑤　2. ①　3. ⑩　4. ③　5. ⑦　6. ⑨　7. ②　8. ④　9. ⑥　10. ⑧

四、用所给句型完成句子
1. 根据
(1) 会议结束以后，根据调查统计的结果，市场部重新修改了产品的广告。
(2) 根据最新的统计结果，我们公司今年的销售额达到历史最高点。
2. 对……来说
(1) 对小王来说，董事长的表扬是对他工作最好的肯定。
(2) 对员工们来说，明白了5S管理法，工作效率就会事半功倍。
3. 无论……就是……
(1) 无论他怎么努力，学习成绩就是没有多大提高。
(2) 无论家人怎么劝，他就是不肯跟爸爸回家。

五、用所给句型改写句子
1. 无论……都……
(1) 小李是技术部最认真的员工，无论天气怎么样，她都是第一个到公司。
(2) 无论公司采取什么措施，都没能解决这个问题。
2. 正因为……所以……
(1) 正因为A公司给了B公司很多帮助，所以才使得A公司取得了这次的竞标。
(2) 正因为所有员工都有着高度的荣誉感和团体感，所以我们公司才顺利度过了困难。

巩固与扩展

一、听力理解
1. (1) A　(2) A　(3) D　(4) A　(5) B
2. (1) A　(2) C　(3) B　(4) B　(5) A、C、D

第5课　佳能公司于细微之处谋幸福

语言技能练习

二、选择正确答案
1. B　2. B　3. B　4. D　5. A　6. A

三、选词填空

1. ⑤　2. ⑧　3. ①　4. ⑩　5. ⑨　6. ⑥　7. ⑦　8. ③　9. ②　10. ④

四、用所给句型完成句子

1. 从……角度来看
   (1) 会议上，部长提出了下半年的市场营销方案，但是从目前市场行情的角度来看，实施这一营销方案存在不少风险，董事长没有同意这个方案。
   (2) 从公司其他人员销售业绩普遍不佳、市场面临着下行压力增大的角度来看，小李的销售业绩是本季最好的。

2. 涉及……之内
   (1) 涉及公司人事调动之内的事情，便不是我的职能了。
   (2) 作为公司的人力资源，涉及公司产品销售之内的重大事情，也需要时时掌握。

3. 每……都……并且
   (1) 每学期开学时都要进行入学教育，并且对学生进行学习方法的指导。
   (2) 每天妈妈都要给他准备好午饭，并且还骑车送到学校。

4. ……比如……
   (1) 民间的节日，比如清明节、端午节，现在都成了国家法定的节假日。
   (2) 淡水鱼，比如鲢鱼、鲫鱼，都是上海百姓的家常菜。

五、用所给句型改写句子

1. 扮演……角色
   (1) 在公司，领导不仅仅是你的上司，还扮演你的老师的角色，他教给你的也不仅是做事的方法，还有做人的态度。
   (2) 这一次的经济危机，人力资源部门没有扮演好自己的角色，使得危机更大更严重了。

2. 不是……而是……
   (1) 面临艰难的困难时，你不是应该逃避它，而是应该勇敢去战胜它。
   (2) 佳能公司有许多海外的高管，管理理念不是等级森严，而是比较开放的。

巩固与扩展

一、听力理解

1. (1) B　(2) A　(3) C　(4) B　(5) D
2. (1) B　(2) C　(3) B　(4) A　(5) A

第6课　神舟电脑在日本站稳脚跟

语言技能练习

二、选择正确答案

1. A　2. A　3. D　4. C　5. A　6. B

三、选词填空

1. ⑥　2. ⑩　3. ⑨　4. ⑦　5. ③　6. ⑧　7. ①　8. ②　9. ④　10. ⑤

四、用所给句型完成句子

1. 经过……之后
   (1) 经过几年的销售实践之后，A公司在日本的市场份额大大提高了。
   (2) 经过合并和调整销售方案之后，秋山国际公司的效益比之前更好了。

2. 尤其是……
   (1) "5S管理法"使得员工的工作效率提高许多，尤其是公司内部，文件的放置井井有条，办公室内处处窗明几净、一尘不染。
   (2) 作为人力资源要时时扮演好自己的角色，尤其是对公司各方面的事项要做到了然于心。

3. 只要能够……相信……
   (1) 只要能够占有市场20%的份额，相信产品的销售额就能达到去年的80%。
   (2) 只要能够找到他居住的那家旅社，相信就能发现他住宿登记时留下的信息。

4. ……正在……希望……
   (1) 世界杯足球的预选赛正在各赛区紧张地进行，希望我国代表队能进入决赛。
   (2) 有关部门正在统计事故中的死亡人数，希望最终的数字不要与人们的预料相差太大。

五、用所给句型改写句子

1. 具有……历史
   (1) A公司在电子产品行业具有领先长达半世纪之久的历史。
   (2) B集团是S城最大的制药公司，具有着数十年的技术创新支持的历史。

2. 凭借
   (1) 丰田凭借"5S管理法"获得成功，成为包括汽车行业在内的其他行业学习的榜样。
   (2) 佳能凭借着对员工细微的关心和注重管理的细节，让员工产生了强烈的幸福感和归属感。

巩固与扩展

一、听力理解

1. (1) C　(2) C　(3) D　(4) B　(5) B
2. (1) D　(2) B　(3) A　(4) B　(5) B

第7课　东芝的创新之路

语言技能练习

二、选择正确答案

1. D　2. A　3. D　4. D　5. C　6. A

三、选词填空

1. ⑥　2. ⑤　3. ⑨　4. ④　5. ⑧　6. ③　7. ②　8. ①　9. ⑩　10. ⑦

四、用所给句型完成句子

1. 无论……
   (1) 无论他怎么坚持，这个项目还是被董事长否定了。

(2) 无论公司内部有多少人反对，技术部还是全力以赴地研究开发这个新产品。
2. 为了……
   (1) 为了增强公司内部员工的凝聚力，每一位新员工入职，佳能都会递上一个大礼包。
   (2) 神舟电脑不断研发新技术，是为了未来在市场占据不败之地。
3. 使……
   (1) 长时间的紧张劳作及恶劣的工作环境，使他过早地衰老起来。
   (2) 刻苦学习加上方法得当，使他的学习成绩得到很快的提高。
4. 都……又……
   (1) 公司对员工的每一次培训，都极大地提高了专业技能，又增强了公司内部的凝聚力。
   (2) 他每去一趟医院，都要交不少钱，又不知道会是怎样的医疗效果。

五、用所给句型改写句子
1. 之所以……并……关键在于……
   (1) 这种药之所以能有效杀死病菌，并能对相应组织起到保护作用，关键在于药的新配方中添加了一种有效成分。
   (2) 孩子之所以性格内向，比较孤僻，并在电话里跟父母也没多少话说，关键在于父母长期在外打工，跟孩子交流少。

巩固与扩展

一、听力理解
1. (1) B (2) B (3) A (4) A (5) C
2. (1) B (2) B (3) B (4) A (5) A

第8课 北京松下企业的"中国化"

语言技能练习

二、选择正确答案
1. C 2. B 3. A 4. A 5. D 6. C

三、选词填空
1. ⑩ 2. ⑧ 3. ⑤ 4. ⑦ 5. ② 6. ① 7. ④ 8. ⑨ 9. ⑥ 10. ③

四、用所给句型完成句子
1. ……就在于……
   (1) 双方能否顺利签订合作协议，就在于双方能不能找到利益的共同点和合作的基本面。
   (2) 公司是否能成功拿到这个项目，就在于明天董事会最终表决的结果了。
2. 把……作为……
   (1) 每个公司都有自己的企业目标，A公司把增强企业员工的幸福感作为企业的最高目标。
   (2) E公司很重视员工的考核和个人发展，把最大限度发挥员工的个人潜能作为公司的发展目标。
3. 为了……加强了……
   (1) 为了培养良好的生活习惯，学校对学生加强了节约每一滴水、每一粒粮的专题教育。

(2) 为了杜绝不合格产品非法流入市场,有关部门加强了对产品检测的力度。

4. 仅……就……

(1) 广告播出后仅一个月,公司的产品销量就达到了前5个月的总和。

(2) 仅二、三两个车间的产量,本季度就达到其余6个车间的生产总量。

五、用所给句型改写句子

1. 在……前提下

(1) 每个公司都有一套严格的录取制度,在笔试通过的前提下才有面试的机会。

(2) 神舟电脑在具有创新技术和产品的前提下,在日本终于站稳了脚跟。

2. 不仅……还……

(1) 欧姆龙公司不仅一直致力于社会公益事业,为了帮助残疾人,还成立了为残疾人提供就业机会的公司。

(2) 日本丰田的"5S管理法"不仅提高了员工的做事效率,还教会新进员工事半功倍的道理。

巩固与扩展

一、听力理解

1. (1) A   (2) A   (3) C   (4) D   (5) B
2. (1) C   (2) B   (3) A   (4) B   (5) C

第9课　日本汉方药龙头企业的经营启示

语言技能练习

二、选择正确答案

1. B   2. A   3. C   4. C   5. A   6. D

三、选词填空

1. ⑤   2. ⑧   3. ⑩   4. ⑦   5. ②   6. ④   7. ①   8. ⑨   9. ⑥   10. ③

四、用所给句型改写句子

1. 其中一个……

(1) 近年来,公司进入了高速发展时期,其中一个主要原因是公司内部政策制度的调整与完善。

(2) 丰田鼓励员工的方式有很多,其中一个方式是给员工办理健身卡。

2. 相比之下……

(1) 销售部的小张能力有限,相比之下,小李更具有带头人的素质。

(2) A公司的产品不但没有价格优势,市场占有率也不高,相比之下,B公司更有能力赢得这个项目。

3. 除……之外

(1) 我们公司除了在产品上不断创新之外,还关注市场的需求,以达到内外共同发展的目的。

(2) 很多因素造成了A公司的倒闭,除了管理者的经营不善之外,公司的员工不团结、其他公司的打击等因素也加速了它的倒闭。

4. 受……的影响
   (1) 受公司上个季度盈利消息的影响，今天收盘前公司股票的成交指数急剧上升。
   (2) 短时间内这一带受副热带高气压的影响，天气一直比较炎热。

五、用所给句型完成句子
1. 为了……
   (1) 为了加速产品的更新换代，我们公司研发了新的电子产品，并计划今年年底将它推向市场。
   (2) 为了避免遭遇破产的困境，我们公司被迫与A公司签订了合作协议。
2. 值得
   (1) A公司有着丰富的海外营销经验，其特有的多元文化值得我公司学习。
   (2) 会议上，小李提出的年度会议方案不但以公司文化为主题，还融入了员工文化，具有创新性，值得董事会的肯定。

巩固与扩展

一、听力理解
1. (1) A   (2) C   (3) B   (4) C   (5) B
2. (1) C   (2) B   (3) A   (4) B   (5) D

第10课　普利司通计划在2050年前轮胎原料全部采用可再生资源

语言技能练习

二、选择正确答案
1. A   2. A   3. C   4. C   5. B   6. C

三、选词填空
1. ⑥   2. ⑤   3. ④   4. ①   5. ②   6. ⑩   7. ⑨   8. ⑧   9. ⑦   10. ③

四、用所给句型改写句子
1. 名为……
   (1) 上海电气集团与英资晨星集团联手，各出50%的资金收购日本秋山印刷机械公司，收购后成立的新公司名为秋山国际。
   (2) 丰田名为"5S管理"的管理制度是指整理、整顿、清扫、清洁和素养。
2. 并且还……
   (1) 为了这个项目工程，我们公司前期已耗费了大量的人力、物力，并且还需大量的资金去完成它，真不知道是否值得。
   (2) 这个岗位的招聘，不仅需要名校的毕业生，并且还需要有过相关实践经验的毕业生。
3. 将……以……
   (1) 公司将通过裁员以缓解利润下滑的压力。
   (2) 公司将开拓海外市场以解决国内市场饱和的问题。
4. 并使之……
   (1) 公司规定部门经理必须要每周值一个晚上的夜班，并使之成为一项制度。

(2) 能源的使用要做到高效率、低成本，并使之多样化。

五、用所给句型完成句子

1. 随着
   (1) 随着双方在产品生产方面合作力度的增强，A公司和B公司的业务往来更加频繁。
   (2) 随着国际市场竞争的白热化，公司更需要在产品的技术和研发上花大工夫。
2. 除了……还……
   (1) 除了调整了销售的计划，公司还加大了研发的力量。
   (2) 公司除了为每位职工交了劳动保险，还分外交了人身伤害意外保险。

巩固与扩展

一、听力理解

1. (1) A　　(2) C　　(3) C　　(4) A　　(5) C
2. (1) B　　(2) A　　(3) D　　(4) A　　(5) D

附录3　生词索引

A

按摩器	ànmóqì	名詞	マッサージ器	L2

B

扮演	bànyǎn	動詞	役を演じる	L5
包装	bāozhuāng	名詞	包装	L3
饱满	bǎomǎn	形容詞	元気旺盛である	L5
保健	bǎojiàn	動詞	保健の、ヘルスケアの	L2
保留	bǎoliú	動詞	保存する	L5
备有	bèiyǒu	動詞	備えられている	L2
被动	bèidòng	名詞	受動的、受け身	L8
本土	běntǔ	形容詞	本土の、本国の	L6
比例	bǐlì	名詞	比率	L6
比率	bǐlǜ	名詞	比率、割合	L10
变压器	biànyāqì	名詞	変圧器、トランス	L1
标准化	biāozhǔnhuà	動詞	標準化する	L4
表示	biǎoshì	動詞	表明する	L1
波动	bōdòng	動詞	変動する	L7
不足	bùzú	名詞	不足、足りないところ	L6
布局	bùjú	名詞	配置、構成、組み立て	L9
部门	bùmén	名詞	部門	L7

C

财务	cáiwù	名詞	財務	L1
参考	cānkǎo	動詞	参考にする	L9
残疾人	cánjírén	名詞	身体障害者	L2
草本植物	cǎoběn zhíwù	名詞	草本植物、葉状植物	L10
产地	chǎndì	名詞	産地、生産地	L10
产业化	chǎnyèhuà	名詞	産業化する	L3
尝试	chángshì	動詞	試す	L6
畅销不衰	chàngxiāo bùshuāi	形容詞	売れ行きが衰えない	L7
超越	chāoyuè	動詞	超越する、超える	L9
潮流	cháoliú	名詞	潮流、時代のすう勢	L7
成败	chéngbài	名詞	成否、成功と失敗	L8
成果	chéngguǒ	名詞	成果	L7
成立	chénglì	動詞	設立する	L1
承担	chéngdān	動詞	担う、引き受ける	L5
充分	chōngfèn	形容詞	十分な	L6

出海跨洋	chūhǎi kuàyáng	名詞	（比喩）海外進出	L3
出资	chūzī	動詞	出資する	L2
初期	chūqī	名詞	初期、初め	L6
传播	chuánbō	動詞	広める	L5
从事	cóngshì	動詞	従事する	L7
磋商	cuōshāng	動詞	折衝する、協議する	L8

D

大规模	dàguīmó	形容詞	大規模な	L7
淡薄	dànbó	動詞	薄い、希薄だ	L8
当前	dāngqián	名詞	目下の	L2
到位	dàowèi	形容詞	一定のレベルに達している	L4
得益	déyì	動詞	利益を得る	L7
等级森严	děngjí sēnyán	名詞	序列が厳しい、階層差が厳しい	L5
低频治疗仪	dīpín zhìliáoyí	名詞	低週波治療器	L2
地带	dìdài	名詞	地帯	L10
地区	dìqū	名詞	地区、地域	L6
典型	diǎnxíng	形容詞	典型的な、代表的な	L3
电动机	diàndòngjī	名詞	電動機、モーター	L1
电子体温计	diànzǐ tǐwēnjì	名詞	電子体温計	L2
电子血压计	diànzǐ xuèyājì	名詞	電子血圧計	L2
奠定	diàndìng	動詞	打ち立てる、築く	L4
调动	diàodòng	動詞	異動する	L5
丁二烯	dīng'èrxī	名詞	ブタジエン	L10
东风	dōngfēng	名詞	成功への追い風	L6
东南亚	Dōngnányà	名詞	東南アジア	L6
东芝株式会社	Dōngzhī Zhūshì Huìshè	名詞	（社名）東芝株式会社	L7
董事长	dǒngshìzhǎng	名詞	代表取締役	L1
洞察力	dòngchálì	名詞	洞察力	L6
多样化	duōyànghuà	形容詞	多様化	L10

E

| 俄罗斯蒲公英 | éluósīpúgōngyīng | 名詞 | ロシアタンポポ | L10 |
| 二手 | èrshǒu | 形容詞 | 中古の | L6 |

F

发布	fābù	動詞	発表する	L10
发达	fādá	形容詞	発展した、先進の	L6
发展	fāzhǎn	動詞	発展	L6
反馈	fǎnkuì	動詞	フィードバックする、戻って来る	L4
仿制药	fǎngzhìyào	名詞	後発医薬品、ジェネリック薬	L9
放松	fàngsōng	動詞	リラックスする、緩める	L5
扶助	fúzhù	動詞	扶助する	L2

福利	fúlì	名詞	福祉	L2
附属于	fùshǔyú	動詞	―に付属する	L7
副作用	fùzuòyòng	名詞	副作用	L9

G

纲领	gānglǐng	名詞	指導原則、大綱	L8
岗位	gǎngwèi	名詞	職場、ポスト	L8
高管	gāoguǎn	名詞	企業の経営幹部	L5
高速	gāosù	形容詞	急速な	L9
公益	gōngyì	名詞	公益	L2
共同	gòngtóng	副詞	共に	L5
贡献	gòngxiàn	動詞/名詞	貢献する、寄与する、貢献、寄与	L2
鼓励	gǔlì	動詞	奨励する	L1
雇佣	gùyōng	動詞	雇用する	L2
关于	guānyú	前置詞	―については、―に関しては	L10
管理	guǎnlǐ	名詞/動詞	管理、管理する	L1
广泛	guǎngfàn	形容詞	広範な、幅広い	L1
广汽丰田	Guǎngqì Fēngtián	名詞	(社名)広汽トヨタ自動車有限会社	L4
归属感	guīshǔgǎn	名詞	帰属意識、帰属感	L5
国有企业	guóyǒu qǐyè	形容詞	国有企業	L8
过山车	guòshānchē	名詞	ジェットコースター	L9

H

海外	hǎiwài	名詞	海外	L1
汉方药	hànfāngyào	名詞	漢方薬	L9
行业	hángyè	名詞	業界	L9
呵护	hēhù	動詞	守る	L1
合并	hébìng	動詞	合併する	L5
合资	hézī	動詞	合弁する	L4
合作	hézuò	名詞/動詞	協力、協力する	L6
核心	héxīn	名詞	核心、コア	L7
衡量	héngliáng	動詞	評価する、判断する	L8
后发	hòufā	形容詞	後発の	L9
环保	huánbǎo	名詞	環境保護	L1
缓慢	huǎnmàn	形容詞	ゆっくりした	L9
回升	huíshēng	動詞	(下落後)再び上昇する	L9

J

机构	jīgòu	名詞	機関	L7
机械	jīxiè	名詞	機械	L3
积极性	jījíxìng	動詞	積極性	L8
基础设施	jīchǔ shèshī	名詞	インフラ	L1
基地	jīdì	名詞	基地	L3

激情日	jīqíngrì	名詞	情熱の日	L5
集中	jízhōng	動詞	集中する	L6
计步器	jìbùqì	名詞	歩数計	L2
技术	jìshù	名詞	技術	L1
季度	jìdù	名詞	四半期	L6
佳能	Jiānéng	名詞	(社名)キヤノン	L5
家用	jiāyòng	形容詞	家庭用の	L2
家人	jiārén	動詞	(本人を除いた)家族	L1
尖端	jiānduān	名詞	先端	L7
坚持	jiānchí	動詞	堅持する、やり抜く	L4
见仁见智	jiànrénjiànzhì	名詞	同じ物でも人によって見方が違う	L9
建立	jiànlì	動詞	確立する、築く	L6
健身场所	jiànshēn chǎngsuǒ	名詞	身体を鍛える場所(スポーツジム・フィットネスクラブ)	L5
交货	jiāohuò	動詞	商品を引き渡す	L4
交通运输	jiāotōng yùnshū	名詞	交通輸送	L1
较为	jiàowéi	副詞	比較的……だ	L9
津村	Jīncūn	名詞	(社名)ツムラ	L9
精确	jīngquè	形容詞	精確な	L4
精神	jīngshén	名詞	精神	L8
精通	jīngtōng	動詞	精通する	L1
井然有序	jǐngrányǒuxù	成語	整然として秩序立っている	L4
净利润	jìnglìrùn	名詞	純利益	L3
竞争力	jìngzhēnglì	名詞	競争力	L6
就业	jiùyè	動詞	就職する	L2
具有	jùyǒu	動詞	有している	L6
捐款	juānkuǎn	動詞	(金を)寄付する	L1
角色	juésè	名詞	役	L5
崛起	juéqǐ	動詞	台頭する	L6
均	jūn	副詞	全部	L2

K

开门红	kāiménhóng	名詞	(比喩)事が最初からうまくいく	L3
可再生	kězàishēng	形容詞	再生可能な	L10
客户	kèhù	名詞	顧客	L1
控制	kòngzhì	動詞	抑える、コントロールする	L9
口号	kǒuhào	名詞	スローガン	L1
跨国	kuàguó	形容詞	多国籍の	L1
跨越式	kuàyuèshì	副詞	飛躍的な	L6

L

类别	lèibié	名詞	類別、分類	L3
类似	lèisì	形容詞	似ている	L9

理想形态	lǐxiǎng xíngtài	名詞	理想の状態	L5
历程	lìchéng	名詞	過程、道のり	L9
历史	lìshǐ	動詞	歴史	L6
利好	lìhǎo	形容詞	有利な、プラスの	L9
利益	lìyì	名詞	利益、メリット	L8
联手	liánshǒu	動詞	連携する	L3
领先	lǐngxiān	動詞	先頭の、リードする	L7
领域	lǐngyù	名詞	分野、領域	L1
流程	liúchéng	名詞	プロセス	L4
龙头	lóngtóu	名詞	トップ、リーダー	L9
屡获殊荣	lǚhuò shūróng	動詞	何度も特別な栄誉を得る	L5
率	lǜ	名詞	率	L3
轮胎	lúntāi	名詞	タイヤ	L10

M

满足	mǎnzú	動詞	（需要を）満たす	L1
面红耳赤	miànhóng'ěrchì	成語	顔が真っ赤である	L8
面临	miànlín	動詞	直面する	L5
面谈机制	miàntán jīzhì	名詞	面接の仕組み	L5
瞄准	miáozhǔn	動詞	ねらいを定める	L6
民间	mínjiān	名詞	民間の	L2
摸索	mōsuǒ	動詞	模索する、探る	L6
模式	móshì	名詞	モデル	L4
目标	mùbiāo	名詞	目標	L6

N

南美	Nánměi	名詞	南アメリカ	L6
难以估价	nányǐ gūjià	形容詞	評価が難しい	L8
能源	néngyuán	名詞	エネルギー	L1
年营业额	nián yíngyè'é	名詞	年間売上高	L2

P

派出	pàichū	動詞	派遣する、任に当たらせる	L8
派驻	pàizhù	動詞	派遣されて駐在する	L3
跑赢	pǎoyíng	動詞	（株式が）急騰する	L9
培训	péixùn	動詞	（人材を）養成する	L1
培养	péiyǎng	動詞	育成する	L1
蓬勃发展	péngbó fāzhǎn	名詞	勢いよく発展する	L6
频繁	pínfán	形容詞	頻繁である	L5
品质	pǐnzhì	名詞	品質	L6
平衡	pínghéng	名詞	バランスがとれている	L5
凭借	píngjiè	動詞	ーを拠り所とする	L6
普利司通	Pǔlìsītōng	名詞	（社名）ブリヂストン	L10

Q

旗下	qíxià	名詞	傘下の、配下の	L3
前进	qiánjìn	動詞	前進する	L5
前景	qiánjǐng	名詞	見通し	L6
翘楚	qiáochǔ	形容詞	抜きん出て優れた、傑出した	L4
取长补短	qǔchángbǔduǎn	成語	長所を取り入れ短所を補う	L7
取决于	qǔjuéyú	動詞	ーによって決まる	L7
全额	quán'é	副詞	全額	L8
全力以赴	quánlìyǐfù	成語	全力で事に当る	L7
全球	quánqiú	名詞	全世界	L2
权益	quányì	名詞	権益	L3

R

热带	rèdài	形容詞	熱帯	L10
人工智能	réngōng zhìnéng	名詞	人工知能、AI	L7
人和	rénhé	名詞	人の和	L8
人力资源	rénlì zīyuán	名詞	人的資源	L5
人事	rénshì	名詞	人事	L1
认可	rènkě	名詞/動詞	認可、賛同、認める	L6
任	rèn	動詞	担当する	L8
日渐枯竭	rìjiàn kūjié	形容詞	徐々に枯渇する	L10
日趋激烈	rìqū jīliè	形容詞	日増しに激しくなる	L7
荣誉感	róngyùgǎn	名詞	誇らしい気持ち、誇り	L4
融汇	rónghuì	動詞	融け込む	L4
如今	rújīn	名詞	今では	L2
入股	rùgǔ	動詞	株主になる	L2
入手	rùshǒu	動詞	着手する、取りかかる	L5
入职	rùzhí	動詞	入社する	L5

S

设备	shèbèi	名詞	設備、プラント	L3
社长	shèzhǎng	名詞	社長	L6
涉及	shèjí	動詞	かかわる、及ぶ	L5
身心	shēnxīn	名詞	心身	L5
神舟电脑	Shénzhōu Diànnǎo	名詞	(社名)神舟電脳(Hasee)	L6
施行	shīxíng	動詞	実施する、行う	L4
石化	shíhuà	名詞	石油	L10
时时	shíshí	副詞	常に	L4
实现	shíxiàn	動詞	実現する	L6
实用化	shíyònghuà	名詞	実用化	L10
市场	shìchǎng	名詞	市場、マーケット	L1
市场意识	shìchǎng yìshi	名詞	市場に対する意識	L8

事倍功半	shìbèigōngbàn	成語	労力が大きくて効果が少ない	L4
试用	shìyòng	名詞	試用、テスト	L7
试制	shìzhì	名詞	試作	L7
适应	shìyìng	動詞	適応する	L4
收购	shōugòu	動詞	買収する	L3
首创	shǒuchuàng	動詞	創始する	L2
首家	shǒujiā	名詞	最初の(会社)	L6
梳理	shūlǐ	動詞	考えを整理する	L4
属下	shǔxià	名詞	管轄下の、配下の	L3
税后	shuìhòu	名詞	税引後	L3
顺利	shùnlì	副詞	順調に	L5
私人	sīrén	名詞	個人の	L2
松下集团	Sōngxià Jítuán	名詞	(社名)パナソニックグループ	L8
塑造	sùzào	動詞	形作る	L4

T

特种	tèzhǒng	形容詞	特殊な	L3
提升	tíshēng	動詞	引き上げる、向上させる	L4
体系	tǐxì	名詞	体系、システム	L6
体重脂肪测量器	tǐzhòng zhīfáng cèliángqì	名詞	体重は脂肪測定器	L2
天然	tiānrán	形容詞	天然の	L10
挑战	tiǎozhàn	名詞	挑戦	L5
同舟共济	tóngzhōugòngjì	成語	仲間が力を合わせて難関を切り抜ける	L8

W

外派	wàipài	動詞	他の職場や国外へ派遣する	L5
维持	wéichí	動詞	維持する	L9
未开发	wèikāifā	形容詞	まだ開発されていない	L4
温带	wēndài	形容詞	温帯	L10
文化建设	wénhuà jiànshè	名詞	文化創造	L8
稳定	wěndìng	形容詞	安定した	L6
武田药品工业	Wǔtián Yàopǐn Gōngyè	名詞	(社名)武田薬品工業	L9
误区	wùqū	名詞	誤解、間違った認識	L8

X

希望	xīwàng	動詞	希望する、望む	L1
系统	xìtǒng	名詞	システム	L2
细节	xìjié	名詞	細部、細かい点	L5
细微	xìwēi	形容詞	わずかな、かすかな	L5
先例	xiānlì	名詞	先例、前例	L3
现实	xiànshí	名詞/形容詞	現実、現実的な	L9
响应	xiǎngyìng	動詞	呼応する	L5
橡胶	xiàngjiāo	名詞	ゴム	L10

销售	xiāoshòu	名詞/動詞	販売する、販売	L1
效能	xiàonéng	名詞	効果、パフォーマンス	L4
心旷神怡	xīnkuàngshényí	成語	すがすがしい	L4
新兴	xīnxīng	形容詞	新興の、新しく興った	L6
新型	xīnxíng	形容詞	新型の、新しい	L10
信心十足	xìnxīn shízú	形容詞	自信満々だ	L6
行销	xíngxiāo	動詞	販売する	L7
幸福	xìngfú	名詞	幸福	L5
幸福感	xìngfúgǎn	名詞	幸福感	L5
血糖检测仪	xuètáng jiǎncèyí	名詞	血糖測定器	L2
削减	xuējiǎn	動詞	削減する	L10
寻求	xúnqiú	動詞	追求する	L6
循环	xúnhuán	形容詞	循環	L10

Y

严谨	yánjǐn	形容詞	慎重である	L5
研发	yánfā	名詞	研究開発	L7
研究所	yánjiūsuǒ	名詞	研究所	L7
扬帆起航	yángfān qǐháng	名詞	出航	L6
业绩	yèjì	名詞	業績	L1
业务	yèwù	名詞	業務	L7
一流	yīliú	形容詞	一流の	L7
一路领先	yílù lǐngxiān	動詞	ずっと先頭を行く	L3
一套	yítào	数量句	一連の	L5
一步到位	yíbùdàowèi	成語	一気に目標を達成する、一気に成功する	L5
乙醇	yǐchún	名詞	エタノール	L10
已开发	yǐkāifā	形容詞	すでに開発されている	L4
以来	yǐlái	副詞	以来	L2
一尘不染	yìchénbùrǎn	成語	ちり一つなく清潔である	L4
一举	yìjǔ	副詞	一挙に	L3
一款	yìkuǎn	数量句	1種類の	L7
一体化	yìtǐhuà	形容詞	一体化した、統合した	L7
因素	yīnsù	名詞	要素	L8
引进	yǐnjìn	動詞	導入する	L9
优势	yōushì	名詞	強み、優勢	L1
预算	yùsuàn	名詞/動詞	予算、予算を立てる	L4
预言	yùyán	名詞	予言する	L9
原产	yuánchǎn	名詞	原産する、最初に産出する	L10
源于	yuányú	動詞	～を源とする、～に由来する	L10
运作	yùnzuò	動詞	運営する	L4

Z

灾区	zāiqū	名詞	被災地区	L1
泽井制药	Zéjǐng Zhìyào	名詞	（社名）沢井製薬	L9
沾沾自喜	zhānzhānzìxǐ	成語	うぬぼれた	L6
展望	zhǎnwàng	動詞	展望する	L6
占据	zhànjù	動詞	占める	L4
占有	zhànyǒu	動詞	占有する、保有する	L9
招收	zhāoshōu	動詞	（従業員を）採用する	L7
支撑	zhīchēng	名詞/動詞	支柱、柱	L3
职场	zhíchǎng	名詞	職場	L5
职能	zhínéng	名詞	職能	L5
指数	zhǐshù	名詞	指数、インデックス	L9
至关重要	zhìguān zhòngyào	形容詞	極めて重要である	L5
志愿	zhìyuàn	名詞	ボランティア	L1
制造商	zhìzàoshāng	名詞	メーカー	L6
中国大陆	Zhōngguó Dàlù	名詞	中国大陸	L6
中国化	zhōngguóhuà	形容詞	中国化	L8
中国特色	Zhōngguó tèsè	名詞	中国の特色ある	L8
中国制造	Zhōngguó zhìzào	名詞	中国製の	L6
重点	zhòngdiǎn	名詞	重点	L1
主动权	zhǔdòngquán	名詞	主導権	L8
注资	zhùzī	名詞	資金注入する	L8
专家	zhuānjiā	名詞	専門家	L8
专门	zhuānmén	副詞	専門的に	L7
转化	zhuǎnhuà	動詞	転換する、実用化する	L7
转换	zhuǎnhuàn	動詞/名詞	転換する、転換	L10
追求	zhuīqiú	動詞	追求する	L1
追溯	zhuīsù	動詞	遡る	L1
资本	zīběn	名詞	資本	L1
自动售货机	zìdòng shòuhuòjī	名詞	自動販売機	L1
自学成才	zìxuéchéngcái	成語	独学で有能な人材となる	L5
综合性	zōnghéxìng	形容詞	総合的な	L7
总经销	zǒngjīngxiāo	名詞	総販売元、総輸入元	L6
组建	zǔjiàn	動詞	組織し設立する、立ち上げる	L2
作坊	zuōfang	名詞	（手工業の）工場	L2
座右铭	zuòyòumíng	名詞	座右の銘	L8

附录4 关键词语索引

A

按部就班	ànbùjiùbān	段取りに従う	L10

B

白领	báilǐng	ホワイトカラー、事務労働者	L5
颁布	bānbù	公布する	L8
板块	bǎnkuài	ジャンル	L7
半壁江山	bànbìjiāngshān	半分の山河	L7
半成品	bànchéngpǐn	半製品	L9
包裹	bāoguǒ	小包	L2
包括	bāokuò	―を含む	L7
饱和	bǎohé	飽和状態になる、満杯になる	L3
保护层	bǎohùcéng	保護層	L10
报道	bàodào	報道	L8
报告	bàogào	報告、リポート	L10
曝光	bàoguāng	明るみに出す	L6
备案	bèi'àn	(公的機関に)記録する	L2
背离	bèilí	背く、反する	L4
本部	běnbù	本部	L8
本地	běndì	現地、当地	L10
本土化	běntǔhuà	現地化	L4
币种	bìzhǒng	通貨の種類	L9
壁垒	bìlěi	陣営、対立する勢力	L8
避免	bìmiǎn	避ける	L1
边缘	biānyuán	縁、周辺	L10
变色	biànsè	変色	L10
标杆	biāogān	模範、手本	L6
标配	biāopèi	標準装備の、標準の組み合わせ	L10
秉承	bǐngchéng	従う	L2
并购	bìnggòu	合併買収、M&A	L9
并无二致	bìngwú'èrzhì	ほとんど同じ	L5
摒弃	bìngqì	排除する、捨てる	L8
不对称	búduìchèng	ちぐはぐだ	L6
不可同日而语	bùkětóngrì'éryǔ	比べものにならない	L3
不可小觑	bùkěxiǎoqù	あなどれない	L3
布置	bùzhì	配置する	L5
步伐	bùfá	歩調、ペース	L3

C

猜疑	cāiyí	疑う	L1
财报	cáibào	財務報告	L5
采购	cǎigòu	仕入れ	L2
残障人员	cánzhàng rényuán	障害のある従業員	L2
惨烈	cǎnliè	悲惨である	L6
草药	cǎoyào	草薬、生薬	L9
策划	cèhuà	計画する	L4
策略	cèlüè	策略、戦略	L2
曾经	céngjīng	かつて	L6
插班生	chābānshēng	転入生	L7
察觉	chájué	気付く	L2
阐述	chǎnshù	はっきり述べる	L6
彻底	chèdǐ	徹底的に	L1
撤出	chèchū	撤退する	L7
撤退	chètuì	撤退	L7
成长	chéngzhǎng	成長	L9
成熟	chéngshú	成熟する	L8
成衣	chéngyī	既製服	L3
承诺	chéngnuò	約束する	L2
承载能力	chéngzài nénglì	積載能力	L4
痴呆症	chīdāizhèng	認知症	L9
迟滞	chízhì	停滞する	L8
斥资	chìzī	費用を出す	L3
充斥	chōngchì	満ちる、はびこる	L7
充当	chōngdāng	担当する、務める	L3
充沛	chōngpèi	満ちあふれている	L3
充气	chōngqì	空気を入れる	L10
重塑	chóngsù	再生する、再建する	L7
重组	chóngzǔ	再編成、組織の再編	L10
宠爱	chǒng'ài	寵愛する	L1
出访	chūfǎng	(外国を)訪問する	L6
厨具	chújù	キッチン用品	L7
储备	chǔbèi	備蓄、蓄え	L7
创新	chuàngxīn	革新	L1
丛生	cóngshēng	(多くが)同時発生する	L6
措施	cuòshī	措置	L2

D

达成	dáchéng	(交渉が)まとまる	L6
达到	dádào	達する	L8

大相径庭	dàxiāngjìngtíng	大きな差がある	L10
代表	dàibiǎo	代表	L10
代价	dàijià	代価	L3
待遇	dàiyù	待遇	L5
担负	dānfù	担う	L2
耽搁	dān'gē	(計上が)遅れる、滞る	L8
诞生	dànshēng	誕生する	L10
当事人	dāngshìrén	当事者	L8
导致	dǎozhì	引き起こす	L6
倒闭	dǎobì	倒産する	L5
登陆	dēnglù	上陸する、進出する	L10
低谷	dīgǔ	谷、低調期	L10
低迷	dīmí	低迷する	L8
递增	dìzēng	少しずつ増加する	L9
巅峰	diānfēng	頂点	L6
顶尖	dǐngjiān	トップの、最高レベルの	L10
定量	dìngliàng	一定量を定める	L4
定位	dìngwèi	位置づける	L4
定性	dìngxìng	性質を決める	L4
定制	dìngzhì	オーダーメイド	L10
丢面子	diūmiànzi	メンツを失う	L8
对抗势力	duìkàng shìlì	対抗勢力	L1
多元化	duōyuánhuà	多元的な、多角的な	L3

F

发愁	fāchóu	心配する	L10
发达	fādá	発達している	L9
乏力	fálì	力不足である	L7
翻番	fānfān	倍になる	L3
范例	fànlì	手本	L2
方兴未艾	fāngxīngwèi'ài	盛り上がっている	L3
方针	fāngzhēn	方針	L5
仿制	fǎngzhì	模倣する、模造する	L9
纺织	fǎngzhī	紡績、紡ぎ織る	L3
分辨率	fēnbiànlǜ	解像度	L10
份额	fèn'é	シェア	L8
丰富多彩	fēngfù duōcǎi	多種多様である	L2
风度	fēngdù	態度、人柄、風格	L5
风口浪尖	fēngkǒu làngjiān	批判の矢面	L4
风貌	fēngmào	風格、スタイル	L5
风水轮流转	fēngshuǐlúnliúzhuàn	浮き世は回り持ち	L3

峰值	fēngzhí	ピーク値	L10
否则	fǒuzé	そうでなければ	L7
符合	fúhé	合致する、適合する	L9
辐条	fútiáo	スポーク	L10
父辈	fùbèi	父の世代	L1
负面	fùmiàn	悪い	L1
负责	fùzé	責任を負う、担当する	L8
负增长	fùzēngzhǎng	マイナス成長	L9
负债累累	fùzhàiléiléi	巨額の負債を抱えた	L3
复合增长	fùhé zēngzhǎng	複合成長	L9
赋予	fùyǔ	付与する	L5

G

改善	gǎishàn	改善する	L9
干劲	gànjìn	意気込み、意欲	L4
尴尬	gān'gà	気まずい、よくない	L7
高档	gāodàng	高級な、上等な	L3
高端	gāoduān	高級な、ハイエンドの	L3
高龄	gāolíng	高齢の	L10
革新	géxīn	革新する	L1
公布	gōngbù	発表する	L10
公关秀	gōngguānxiù	(PRのための)パフォーマンス	L6
供应	gōngyìng	供給、サプライ	L9
供应链	gōngyìngliàn	サプライチェーン	L6
供应商	gōngyìngshāng	供給業者	L2
共通	gòngtōng	共通の	L9
沟通	gōutōng	コミュニケーション	L2
股权	gǔquán	株主権	L1
雇员	gùyuán	従業員	L2
关键	guānjiàn	キーポイント	L1
灌溉	guàn'gài	灌漑する	L5
灌输	guànshū	注ぎ込む	L4
归罪	guīzuì	罪をなすりつける	L5

H

涵盖	hán'gài	カバーする、網羅する	L6
豪门盛宴	háomén shèngyàn	盛大な宴会、一時的成功	L10
合适	héshì	適切である	L3
护航	hùháng	支援する	L5
花纹	huāwén	模様、デザイン	L10
化繁为简	huàfánwéijiǎn	複雑で困難なことを簡単で容易なものに変える	L4
环节	huánjié	段階	L2

焕发生机	huànfā shēngjī	活力を奮い立たせる	L3
回顾	huígù	振り返る	L9
汇率	huìlǜ	為替レート	L9
活跃	huóyuè	活発な	L2
获得	huòdé	獲得する	L7
获利丰厚	huòlì fēnghòu	利益が大きい	L6

J

饥饿感	jī'ègǎn	飢餓感、ハングリーさ	L9
积满	jīmǎn	いっぱい積もっている	L5
基础	jīchǔ	基礎	L1
基金会	jījīnhuì	基金	L2
基因	jīyīn	遺伝子	L10
激励	jīlì	インセンティブ	L4
极具潜力	jíjù qiánlì	きわめて潜在力を持つ	L3
急速	jísù	急な、急速な	L10
疾病	jíbìng	疾病、病気	L9
集权	jíquán	(中央)集権	L4
纪律	jìlǜ	規律	L4
技能	jìnéng	能力、技能	L1
继承人	jìchéngrén	継承者	L1
寄托	jìtuō	(希望を)託す	L7
绩效	jìxiào	実績	L4
加紧	jiājǐn	強化する、力を入れる	L10
家喻户晓	jiāyùhùxiǎo	誰でも知っている	L3
价值观	jiàzhíguān	価値観	L4
价值链	jiàzhíliàn	価値連鎖	L2
间接	jiànjiē	間接的な	L1
肩周炎	jiānzhōuyán	肩関節周囲炎	L9
兼顾	jiān'gù	同時に各方面に気を配る	L4
减少	jiǎnshǎo	減少する	L10
渐进	jiànjìn	漸進する	L4
交接班	jiāojiēbān	事業を引き継ぐ	L1
交易	jiāoyì	取引	L3
骄横	jiāohèng	不遜で横柄だ	L6
焦虑	jiāolǜ	焦慮する	L3
缴税额	jiǎoshuì'é	納税額	L10
较	jiào	〜と比較して、〜より	L10
教养	jiàoyǎng	しつけ	L8
街道	jiēdào	街路	L10
杰作	jiézuò	傑作	L10

结盟	jiéméng	同盟を結ぶ	L8
解雇	jiěgù	解雇する	L1
解决	jiějué	解決する	L1
戒备	jièbèi	警戒する	L8
戒备有加	jièbèiyǒujiā	警戒する	L3
届时	jièshí	その時になると	L8
借助	jièzhù	~の助けを借りて	L6
金额	jīn'é	金額	L3
金融危机	jīnróng wēijī	金融危機	L9
津贴	jīntiē	手当	L5
仅次于	jǐncìyú	わずかに……に次ぐ	L7
尽早	jìnzǎo	できるだけ早く	L10
进军	jìnjūn	進軍する、進出する	L8
进展	jìnzhǎn	進展する、発展する	L8
经费	jīngfèi	経費	L5
经验	jīngyàn	経験、体験	L1
经营	jīngyíng	経営	L9
惊人之举	jīngrénzhījǔ	驚くような壮挙	L6
景气	jǐngqì	景気	L5
警惕	jǐngtì	警戒する	L1
竞争	jìngzhēng	競争	L1
居住	jūzhù	住む	L10
举足轻重	jǔzúqīngzhòng	重要で影響力が大きい	L6
聚焦	jùjiāo	焦点を当てる	L7
捐款	juānkuǎn	寄付金	L2
捐赠	juānzèng	寄贈する、寄付する	L2
绝对	juéduì	絶対に	L3

K

开价	kāijià	値段をつける	L8
开拓	kāituò	開拓する	L8
康复科	kāngfùkē	リハビリテーション科	L9
抗衡	kànghéng	対抗する	L3
考核	kǎohé	考課	L4
科研	kēyán	科学研究	L5
可持续	kěchíxù	持続可能な	L2
课程	kèchéng	課程、カリキュラム	L9
肯定	kěndìng	是認、肯定	L2
空降	kōngjiàng	パラシュートで降下させる、降下	L4
亏空	kuīkong	赤字を出す、欠損する	L5
亏损	kuīsǔn	損失を出す、欠損を生じる	L3

亏损不堪	kuīsǔn bùkān	ひどく欠損を出す	L5
捆扎	kǔnzā	梱包する	L5
困境	kùnjìng	苦境	L8

L

牢骚	láosāo	不平、不満	L1
类风湿	lèifēngshī	リウマチ	L9
累计	lěijì	累計	L8
礼仪	lǐyí	儀礼、礼儀	L5
理念	lǐniàn	理念	L2
理想	lǐxiǎng	理想、理想的な	L10
力不从心	lìbùcóngxīn	やりたいが力が伴わない	L10
历来	lìlái	これまで	L3
连锁反应	liánsuǒ fǎnyìng	連鎖反応	L6
良苦用心	liángkǔ yòngxīn	心配りが並々ならない	L5
猎物	lièwù	獲物	L6
临床	línchuáng	臨床	L9
零售商	língshòushāng	小売商	L3
领导	lǐngdǎo	リーダ	L1
流失	liúshī	流出する	L5
履行	lǚxíng	履行する	L2
轮	lún	循環する事物を数える量詞	L10
轮流	lúnliú	順番にする	L4

M

买断	mǎiduàn	買い取る	L6
盲从	mángcóng	盲従する	L1
毛遂自荐	Máo Suì zì jiàn	自己推薦する	L1
矛盾	máodùn	矛盾、問題	L1
贸易	màoyì	貿易	L3
门诊	ménzhěn	外来診療	L9
扪心自问	ménxīn zìwèn	胸に手を当てて自問する	L1
迷茫	mímáng	困惑	L6
密不可分	mì bù kě fēn	切っても切れない	L9
免疫	miǎnyì	免疫	L9
勉强	miǎnqiǎng	無理強いする、無理にさせる	L5
面板	miànbǎn	パネル	L10
面对面	miànduìmiàn	顔を付き合わせて	L2
敏感	mǐn'gǎn	敏感である	L3
敏锐	mǐnruì	鋭い	L2
铭记	míngjì	銘記する	L6
摸着石头过河	mōzhe shítou guò hé	石橋をたたいて渡る（慎重だ）	L6

模仿	mófǎng	模倣する	L5
募捐	mùjuān	寄付を募る	L2

N

内耗	nèihào	内部抗争	L6
内科	nèikē	内科	L9
纳入	nàrù	取り入れる、組み込む	L1
耐久性	nàijiǔxìng	耐久性	L10
逆势	nìshì	逆行する	L8
年均	niánjūn	年平均	L9
年轮	niánlún	年輪	L5
尿频	niàopín	頻尿	L9
凝固	nínggù	凝固する	L5
凝聚	níngjù	恐縮する	L4

P

排除	páichú	排除する	L6
排放	páifàng	排出する	L8
排行榜	páihángbǎng	ランキングリスト	L1
派遣	pàiqiǎn	派遣する	L9
庞大	pángdà	膨大な、とてつもなく大きい	L3
庞然大物	pángrándàwù	非常に巨大なもの	L4
抛弃	pāoqì	放棄する	L6
喷墨	pēnmò	インクジェット	L10
盆栽	pénzāi	盆栽	L5
膨胀	péngzhàng	膨張する	L7
碰壁	pèngbì	壁にぶつかる	L2
平滑	pínghuá	スムーズに	L7
平价	píngjià	安価	L2
评价	píngjià	評価する	L4
破损	pòsǔn	破損する	L6
普及	pǔjí	普及	L7

Q

奇迹	qíjì	奇跡	L5
旗舰店	qíjiàndiàn	フラッグシップショップ	L9
起步	qǐbù	スタートする	L3
迄今为止	qìjīn wéizhǐ	今に至るまで	L2
谦逊	qiānxùn	謙遜	L6
前辈	qiánbèi	先輩	L1
前三甲	qiánsānjiǎ	ベスト・スリー	L3
潜力	qiánlì	潜在力	L1

潜移默化	qiányímòhuà	知らず知らずのうちに感化される	L4
潜在	qiánzài	潜在的な	L2
强劲	qiángjìn	強力な、力強い	L10
亲力亲为	qīnlì qīnwéi	ひとりで全ての仕事をやる	L8
钦佩	qīnpèi	敬服する	L3
倾注	qīngzhù	打ち込む、傾ける	L10
曲折	qūzhé	屈折	L1
驱动	qūdòng	駆り立てる	L9
渠道	qúdào	ルート	L6
曲终人散	qǔzhōngrénsàn	催しがすんでひっそりする	L10
全线	quánxiàn	全体、全戦線	L8
全新	quán xīn	まったく新しい、斬新な	L10
权威	quánwēi	権威のある	L7
诠释	quánshì	説明する	L6
劝募	quànmù	寄付を募る	L2
缺乏	quēfá	欠けている	L7

R

染指	rǎnzhǐ	(悪事に)手を出す	L3
让步	ràngbù	譲歩	L8
饶恕	ráoshù	許す	L4
热衷	rèzhōng	熱中する	L6
人才	réncái	人材	L10
人际资产	rénjì zīchǎn	人脈がもたらす財産	L1
人满为患	rénmǎnwéihuàn	人が多くて問題が起きる	L10
人情味	rénqíngwèi	人情味	L5
人为	rénwéi	人為的である	L5
人性化	rénxìnghuà	人間味がある、人に優しい	L5
认证	rènzhèng	認証	L8
任命	rènmìng	任命する	L7
日不落产业	rìbúluò chǎnyè	太陽の沈まない産業(衰退することがない産業の比喩)	L3
日渐式微	rìjiàn shìwēi	日ごとに廃れる	L9
日益	rìyì	日増しに	L7
融洽	róngqià	打ち解ける	L1
如愿以偿	rúyuàn yǐcháng	願いがかなう	L2
入围	rùwéi	仲間入りする、ランクインする	L10
软硬兼施	ruǎnyìngjiānshī	硬軟両様の手を使う	L4

S

赛道	sàidào	サーキット	L10
丧失	sàngshī	失う	L7
善款	shànkuǎn	慈善目的の寄付金	L2

商用车	shāngyòngchē	商用車	L8
上市	shàngshì	市場に出る	L6
上述	shàngshù	上に述べた	L6
蛇吞象	shétūnxiàng	蛇が象を飲む（どん欲だ）	L6
涉及	shèjí	かかわる	L3
申请	shēnqǐng	申請する	L1
深谙	shēn'àn	精通している	L4
深思熟虑	shēnsī shúlǜ	深思熟慮	L1
深陷	shēnxiàn	深くはまる	L3
神户新闻	Shénhù Xīnwén	神戸新聞	L8
生产力	shēngchǎnlì	生産力	L5
生产许可证	shēngchǎn xǔkězhèng	生産許可証	L8
胜出	shèngchū	勝利する	L7
失禁	shījìn	失禁	L9
施肥	shīféi	施肥する、肥料を与える	L5
实施	shíshī	実施する	L1
实事求是	shíshìqiúshì	事実に基づいて真実を求める	L9
士气	shìqì	士気	L4
视察	shìchá	視察する	L5
试题	shìtí	試験問題	L9
首席执行官	shǒuxí zhíxíngguān	最高経営責任者、CEO	L6
授予	shòuyǔ	授与する	L2
疏懒	shūlǎn	だらけている	L5
束缚	shùfù	束縛、拘束	L4
树敌	shùdí	敵を作る	L5
树立	shùlì	築く、打ち立てる	L1
数据	shùjù	データ	L3
衰落	shuāiluò	衰退する	L3
双赢	shuāngyíng	双方ともに利益を得る	L3
说明书	shuōmíngshū	説明書	L6
耸人听闻	sǒngréntīngwén	聞いた人間を驚かせる	L3
诉求	sùqiú	願い	L3
素质	sùzhì	素質、資質	L1

T

太阳能	tàiyángnéng	ソーラーパワー	L7
探望	tànwàng	見舞いに行く	L5
淘汰	táotài	淘汰する	L6
提拔	tíbá	抜擢する	L1
体会	tǐhuì	理解する、体得する	L8
体悟	tǐwù	体得する、悟る	L5

天生	tiānshēng	生まれつきの	L10
填补	tiánbǔ	補充する	L2
痛恨	tònghèn	ひどく嫌う	L6
投行	tóuháng	投資銀行	L3
投资	tóuzī	出資する	L2
投资者	tóuzīzhě	投資家	L9
突破口	tūpòkǒu	突破口	L7
推迟	tuīchí	遅らせる	L8
推出	tuīchū	世に出す、リリースする	L9
推行	tuīxíng	押し広める、普及させる	L1
退休	tuìxiū	退職する	L2
蜕变	tuìbiàn	変化する、変質する	L10
拖欠	tuōqiàn	支払いを滞らせる	L5
脱离	tuōlí	離れる	L10
妥协	tuǒxié	妥協	L6
拓展	tuòzhǎn	開拓する	L7

W

完美	wánměi	完璧な	L3
网络设备	wǎngluò shèbèi	ネットワーク機器	L7
望尘莫及	wàngchénmòjí	足元にも及ばない	L4
微不足道	wēibùzúdào	取るに足らない	L8
为人	wéirén	人として	L6
为时尚早	wéishíshàngzǎo	時期尚早である	L7
为数不多	wéishùbùduō	数は多くない	L7
委托	wěituō	委託する	L9
萎缩	wěisuō	衰退する	L6
位居	wèijū	一位にいる	L6
慰问金	wèiwènjīn	見舞金	L5
温馨	wēnxīn	温かい	L5
稳健	wěnjiàn	穏健である、手堅い	L4
问津	wènjīn	問い合わせる	L10
无所不包	wúsuǒ bùbāo	含まないものはない、すべてを包括する	L7
无为而治	wúwéi'érzhì	人に干渉を加えないでその才能・知恵を発揮させる	L4
无障碍设施	wúzhàng'ài shèshī	バリアフリー施設	L2

X

吸引	xīyǐn	引きつける	L10
习俗	xísú	習俗、風習	L5
下滑	xiàhuá	下落する	L8
下降	xiàjiàng	減少する、下落する	L10
下坡路	xiàpōlù	下降線、衰退	L5

娴熟	xiánshú	熟練する、手慣れている	L6
显示	xiǎnshì	示す	L7
陷阱	xiànjǐng	落とし穴	L1
陷入	xiànrù	陥る	L1
相辅相成	xiāngfǔxiāngchéng	相互に補い合って作り上げる	L5
消费者	xiāofèizhě	消費者	L10
消耗	xiāohào	消耗、消費	L10
萧条	xiāotiáo	不景気である	L5
销路	xiāolù	販路	L3
销售额	xiāoshòu'é	販売額、売上高	L8
销售网络	xiāoshòu wǎngluò	販売ネットワーク	L7
效力	xiàolì	尽力する	L4
携手	xiéshǒu	提携する	L2
心意	xīnyì	(他人に対する)真心	L2
新陈代谢	xīnchéndàixiè	新陳代謝	L4
新贵	xīnguì	新しく出てきた物、人	L10
薪酬	xīnchóu	給与、報酬	L4
信奉	xìnfèng	遵奉する	L4
信赖	xìnlài	信頼する	L7
信条	xìntiáo	信条	L4
性能	xìngnéng	性能、特性	L7
需求	xūqiú	ニーズ	L10
宣传	xuānchuán	宣伝する	L8
选购	xuǎngòu	選んで購入する	L7

Y

扬名立万	yángmínglìwàn	名声を打ち立てる	L10
药物	yàowù	薬、薬物	L9
要诀	yàojué	秘訣	L1
业已	yèyǐ	すでに	L8
医疗保险	yīliáo bǎoxiǎn	医療保険	L9
医师	yīshī	医師	L9
一去不复返	yíqùbúfùfǎn	一度去ったら戻らない	L10
一视同仁	yíshìtóngrén	のちに、人を差別せずに平等に扱うこと	L1
一旦	yídàn	いったん	L8
遗书	yíshū	遺書	L1
以柔克刚	yǐróukègāng	柔をもって剛を制す	L6
一朝一夕	yìzhāoyìxī	一朝一夕、短時間	L4
一己之力	yìjǐzhīlì	一個人の力、個人的な力	L2
一举超越	yìjǔ chāoyuè	一気に抜く	L6
一蹶不振	yìjuébúzhèn	再起不能	L9

一盘散沙	yìpánsǎnshā	バラバラで団結していない	L7
一针见血	yìzhēnjiànxiě	急所を突く	L7
引导	yǐndǎo	導く	L4
引以为傲	yǐnyǐwéi'ào	誇りとする	L4
隐退	yǐntuì	引退する	L1
盈利	yínglì	利益、儲け	L8
营销	yíngxiāo	マーケティング	L1
应聘	yìngpìn	面接に行く、応募する	L2
拥有	yōngyǒu	有している	L7
永葆生机	yǒngbǎo shēngjī	活力を永遠に保つ	L4
勇于	yǒngyú	勇敢に……する	L7
用工荒	yònggōnghuāng	労働者不足	L5
用户	yònghù	ユーザー	L10
用心	yòngxīn	心配り、意図	L5
优化	yōuhuà	最適化する、高度化する	L4
由衷	yóuzhōng	心から	L7
尤其	yóuqí	特に	L3
游资	yóuzī	遊休資本	L3
有的放矢	yǒudìfàngshǐ	目標を定めてから事を行う	L4
有所为有所不为	yǒusuǒwéi yǒusuǒbùwéi	為すこともあれば、為さざることもある	L7
有望	yǒuwàng	希望がある、―と見込まれる	L8
有效	yǒuxiào	有効である	L4
有形	yǒuxíng	有形の、形のある	L6
舆论	yúlùn	世論	L3
预计	yùjì	予想する	L8
预期	yùqī	予想、予想する	L10
元老	yuánlǎo	元老、長老	L1
原料	yuánliào	原料	L5
原研药	yuányányào	先発医薬品	L9
源源不断	yuányuánbúduàn	次々と途切れることがない	L4
云开日出	yúnkāirìchū	再び日光を見る	L5
运营	yùnyíng	運営、経営	L10
蕴含	yùnhán	含む、包含する	L3

Z

再度	zàidù	再び	L6
在意	zàiyì	気にする	L8
乍	zhà	ちょっと……したところ	L5
债务危机	zhàiwù wēijī	債務危機	L3
展示	zhǎnshì	展示する、見せる	L5
占有率	zhànyǒulǜ	占有率	L5

战略	zhànlüè	戦略	L2
战线	zhànxiàn	戦線	L6
张扬	zhāngyáng	言いふらす	L6
账表	zhàngbiǎo	(会計)報告書	L7
招聘	zhāopìn	招く、募集する	L10
召回	zhàohuí	リコールする	L4
召集	zhàojí	召集する	L5
针灸	zhēnjiǔ	鍼灸	L9
振兴	zhènxīng	振興する	L2
整顿	zhěngdùn	整頓	L8
整合	zhěnghé	整理再編する	L4
整体	zhěngtǐ	全体の	L9
正式	zhèngshì	正式に、本格的に	L8
直营	zhíyíng	直営	L9
指标	zhǐbiāo	指標	L4
指点	zhǐdiǎn	指摘する	L1
指责	zhǐzé	非難する、責める	L8
至高无上	zhìgāowúshàng	比べるものがないほど高い	L4
至理名言	zhìlǐmíngyán	実にもっともな名言	L6
志愿者	zhìyuànzhě	ボランティア	L2
制剂	zhìjì	製剤	L9
制造	zhìzào	製造する	L1
治疗	zhìliáo	治療する	L9
质变	zhìbiàn	質的変化	L4
滞销	zhìxiāo	売れ行きが悪い	L2
中坚	zhōngjiān	中核	L3
中转	zhōngzhuǎn	積み換える、取り次ぎに回す	L5
忠诚	zhōngchéng	忠実である	L4
终身雇佣制	zhōngshēn gùyōngzhì	終身雇用制	L10
重视	zhòngshì	重視する	L1
诸多	zhūduō	たくさんの	L9
主打	zhǔdǎ	主力の、メインの	L9
主流	zhǔliú	主流	L7
主体	zhǔtǐ	主要部分	L9
住院	zhùyuàn	入院	L9
助残	zhù cán	障害者を支援する	L2
注重	zhùzhòng	重視する	L5
专访	zhuānfǎng	単独インタビュー	L9
转让	zhuǎnràng	譲渡する	L7

转型	zhuǎnxíng	モデルチェンジする、転換する	L3
转移	zhuǎnyí	移転	L7
装箱	zhuāngxiāng	箱詰めする、パッケージする	L9
资源	zīyuán	資源	L2
滋生	zīshēng	生み増やす	L4
自救	zìjiù	自分を救う	L8
自强不息	zìqiángbùxī	自ら努力してやまない	L5
宗旨	zōngzhǐ	理念、モットー	L6
阻拦	zǔlán	制止	L1
组织	zǔzhī	組織	L10
遵奉	zūnfèng	遵奉する、従い守る	L4

郑重声明

高等教育出版社依法对本书享有专有出版权。任何未经许可的复制、销售行为均违反《中华人民共和国著作权法》，其行为人将承担相应的民事责任和行政责任；构成犯罪的，将被依法追究刑事责任。为了维护市场秩序，保护读者的合法权益，避免读者误用盗版书造成不良后果，我社将配合行政执法部门和司法机关对违法犯罪的单位和个人进行严厉打击。社会各界人士如发现上述侵权行为，希望及时举报，本社将奖励举报有功人员。

反盗版举报电话　　(010)58581897　58582371　58581879
反盗版举报传真　　(010)82086060
反盗版举报邮箱　　dd@hep.com.cn
通信地址　　北京市西城区德外大街4号　高等教育出版社法务部
邮政编码　　100120